U0132475

幾許風雨

香港早期社會影像 1911－1950

鄭寶鴻 著

商務印書館

幾許風雨 —— 香港早期社會影像 1911-1950

作　　者：鄭寶鴻
責任編輯：張宇程
出　　版：商務印書館（香港）有限公司
香港筲箕灣耀興道 3 號東滙廣場 8 樓
http://www.commercialpress.com.hk
發　　行：香港聯合書刊物流有限公司
香港新界大埔汀麗路 36 號中華商務印刷大廈 3 字樓
印　　刷：中華商務彩色印刷有限公司
香港新界大埔汀麗路 36 號中華商務印刷大廈 14 字樓
版　　次：2015 年 1 月第 1 版第 2 次印刷

ISBN 978 962 07 5636 8
Printed in Hong Kong

目錄

上篇

下篇

1911 年香港中區地圖

右圖為中環金融區 1911 年的地圖。由海旁向內陸的大街道，依次為干諾道（Connaught Road）、遮打道（Chater Road）、德輔道（Des Voeux Road）及皇后大道（Queen' s Road）。地圖覆蓋最左面由花園道（Garden Road）開始，至最右面利源東街（Li Yuen Street East）止。

地圖標示有大數字，可從以下註釋按圖索驥。原地圖只標示由 1-21 的地標，由 22-57 的地標為作者後補。編號 56 的商務印書館，於 1924 年由原荷李活道 82 號舊址遷往皇后大道中 37 號營業，稍後再遷至同街的 35 號。

註 釋：

1. 太古洋行
2. 東方行
3. 電信大樓
4. 賽馬會辦事處
5. 香港會所
6. 和平紀念碑廣場（1923 年）
獲利街 Wardley Street
7. 滙豐銀行花園
8. 皇后行
9. 聖佐治行
10. 皇帝行 / 沃行
11. 亞力山打行
12. 英皇酒店
13. 太子行
14. 滙豐銀行花園
15. 新高等法院
16. 滙豐銀行
17. 渣打銀行
18. 荷蘭銀行 / 路透社
19. 德華銀行 / 舊沙宣洋行
20. 國際銀行
21. 羅素洋行
22. 有利銀行 / 天祥洋行 /
荷蘭安達銀行
23. 丫士打大廈及酒店
24. 《孖剌報》
25. 威士文（聰明人）餐廳
26. 香港大酒店
27. 郵政總局
28. 高等法院
（27 及 28 兩者現為華人行）
29. 渣甸（怡和）行
30. 惠羅公司
31. 鐵行輪船公司
32. 新郵政總局
33. 德忌利士船公司
34. 萬順酒店 / 省港澳船公司
35. 屈臣氏藥房批發部
36. 中華基督教青年會
37. 《德臣西報》/《華字日報》
38. 波田摩酒店
39. 英美煙草公司
40. 宏興行
41. 舊渣打銀行
42. 中國及日本電氣德律風有限公司
43. 花旗酒店
44. 舊雪廠 / 美璋影樓
45. 柏供行（拱北行）商場
46. 大會堂
47. 操兵地（美利操場）
48. 美利樓
49. 打波地（香港木球會）
50. 雍仁會館
51. 皇后像碼頭
52. 天星碼頭
53. 卜公碼頭
54. 鐵行碼頭
55. 雪廠路（同時統一為雪廠街）
56. 商務印書館
57. 蘭桂坊

上篇

前言

內地與香港一直以來皆關係密切，互為影響。香港的學者和知名人士有不少在內地從政。而籌建香港大學的港督盧吉曾表明，港大使前來就讀之內地學生，可以"略吸西洋之風氣。"

辛亥革命成功，及民國歷任總統就職，港人皆熱烈慶祝。1922年的海員罷工，以及1925年的省港大罷工，本港各階層的市民亦同仇敵愾，紛紛響應。

兩地的政要和社會知名及文化界人士亦有頻密交往，尤以二戰前後為高峰。和平後，中國政府一度派有駐港外交部兩廣特派員，設置特派員公署、九龍關辦事處和支關。

二十世紀的香港社會精英如周壽臣、何東和李樹芬，皆曾在中國政府服務。何氏亦曾任怡和洋行的買辦，作為華商與外資機構的貿易橋樑。當時之精英中有不少為華資大企業的創辦人，著名的有先施公司的馬應彪和永安公司的郭泉和郭樂等。

1911年，全港人口約為45萬。1941年已達160萬。淪陷後期減至50多萬。四十年代末為180餘萬。

早期，很多家庭蓄養俗稱"妹仔"的婢女，有不少飽受虐待及被迫為娼，到了1937年，港府宣佈正式取締。

整個港島的樓房，1910年的估值為1,100多萬，當時市區的地價，每呎僅為數仙至三數元不等。1921年現為華人行的地段拍賣，每呎以50元成交，當時已被視作"天價"。

為獲取土地，政府不斷移山填海，較大型的是夷平摩理臣山以配合灣仔的填海計劃。

由於大量內地難民於1930年代陸續湧至，港九各山頭遍佈寮屋，東區的寮屋由畢拉山一直伸延至筲箕灣，範圍包括渣甸山、天后等現時多個豪宅區。

1911年，香港的第七間發鈔銀行中華滙理銀行結業。同時多間內地銀行在港設立分行，亦有多間本地華資銀行成立。此外，多間經營匯兑、找換及金銀業務的銀號陸續開業，如道亨、恒生、永隆及永亨等，後來皆成為大銀行。

一直以來，香港市面是使用銀幣（1914 年之前亦包括中外多國所發出者）。到了 1935 年，白銀價格飛漲，港府遂取消銀本位制，白銀貨幣停止流通。

當時亦有不少經營黃金白銀的金舖、金號和首飾舖，不少是兼營投機炒賣者。

1910 年，有關行業組成一交易場所的"金銀業行"，到了 1918 年易名為"金銀業貿易場"。

1921 年，有兩間證券交易所買賣股票，同年增加六間。此六間新交易所於一年後，因被政府取締而停業。原來的兩間交易所，於 1947 年合併為"香港證券交易所"。

二十世紀的主要工商業是英資的船塢、糖廠、煙廠等，上述行業華商亦有經營。其他工業有織造、樹膠、電器、製釘、造磚、製罐、化粧品、鋼鐵、炮竹、水壺、糖薑、製鞋、油漆、食品、傢具及麵粉等。

和平後，大量內地資金流港，在港九新界多處開設紡織、印染、製衣及紗廠等。新興工業區為長沙灣及荃灣。

租借新界後，港府將原日邊界北便，由荔枝角至牛頭角一帶的地段，規劃為"新九龍"，大加發展。最顯著為深水埗及長沙灣。多座位處交錯小海灣和沙灘，需船艇往來的小村落，被平整為寬大的市區。連接新界的大埔道及青山道（公路）的起點，亦位於這裏。

另一填海區為九龍灣，在上興建的"啟德濱樓房"，最後發展為國際機場。其鄰近由牛頭角至茶果嶺一帶亦逐漸演變為新工業和住宅區。

市區連接新界及離島的海陸交通網，於 1910 年代全部完成，但整個新界區仍保持傳統的農村風貌。1920 年代初，包括元朗在內的大部分地區仍未有電燈。由 1930 年代，工業開始在荃灣發展，當時，港九市區不少食物產自新界的禾田及農場，尤以元朗的白米最享盛譽。

迄至 1950 年代，米店所售的白米以元朗的"齊眉"及"絲苗"品種最高檔。

第一章 中國與香港

1909 年港督盧吉（Frederick Lugard）介紹本港教育時提及："皇仁書院開設以來功效不小，由此出身而登中國仕途者大不乏人，異日大學之功效，應較皇仁為大"。

在述及香港大學之優點時説："國內學生來學者，既得學問之精髓，又可兼習英語，亦可略吸西洋之風氣"。

而當時在清廷任侍郎之伍廷芳捐港幣一萬元籌建香港大學。1913 年，雲南都督派學生八名來港於香港大學就讀。

1910 年 9 月 2 日，清朝隆裕皇太后已准各官員剪去辮子，香港市民亦跟隨。郵差請示郵政司可否剪辮獲准，故實行剪髮易絨制服。

由校長室拍攝的香港大學及石塘咀區的照片，1913 年。

位於上環區一街頭剃頭檔的剃頭匠和顧客，約 1905 年。

約 1910 年，由域多利皇后街西望皇后大道中。右下方是中環街市的入口，右方是最大的南興隆辦館，這一帶是華人的商貿和居住區。

1911 年 10 月 10 日，武昌全為革命黨佔據，頒發安民告示，指令不准仇視洋人。

10 月 11 日，本港之英文報章已採用“新中國”，來取代以往“老大帝國”的稱謂。

11 月 8 日，慶祝武昌起義成功，本港各處鳴炮竹慶祝，市民手持青天白日、新漢萬歲及漢族萬歲等旗幟歡呼。

12 月 21 日，孫中山先生乘英國郵輪經港，曾晤本港各界及革命人士，並曾於三角碼頭登岸往“蘭室公司”，會見來港謁見的粵省各界人士，之後乘船回國，由上海到南京，被推選為臨時大總統，黎元洪為副。伍廷芳為司法總長。

1911 年（宣統三年）的清皇室明信片。右方的小童是年方六歲（於三歲時登位）的宣統皇帝溥儀。抱小孩者是攝政的醇親王載灃。

由永樂街“三角碼頭”西望德輔道西，約 1912 年。可見慶祝民國的布招。十字電線架左方是南北行街（文咸西街）。正中的樓宇現為“蓮香居”所在。1911 年 12 月 21 日，孫中山先生經港回上海時便是在此上岸，前往“蘭室公司”。

1912 年初，香港報章刊出孫大總統及黎副總統之家世。稍後，大總統位讓予袁世凱。

離任後，孫中山先生曾於 1912 年 5 月及 1913 年 6 月來港。

1913 年 10 月 10 日，袁世凱連任總統及適逢雙十節，市民熱烈祝賀。包括南北行在內各商家，獲港府批准，燃放整串長炮竹誌慶。

1915 年 9 月 16 日，袁世凱總統壽辰，惟本港則當若無其事，懸旗者只有華商總會、孔聖堂及招商局等三四處。

9 月 25 日，為武昌起義推翻滿清之期，南北行倡議懸旗休業。

12 月 13 日，袁世凱接受勸進書，允登帝位，17 日任皇帝，將大總統府改為新華殿。新皇訓令 1916 年恢復考功名的省試，並賜封前清宣統皇帝為義德親王，又令陸徵祥為相國，大封公侯伯子男的爵位。

新皇改年號為洪憲，擬定 1916 年元月初四為登極之期，但外國公使概不承認洪憲年號之文件，仍用陽曆。

中華民國元年（1912 年）的臨時大總統孫中山先生。商務印書館印行的明信片。

身穿戎裝的清朝大臣袁世凱，約 1910 年。

推翻滿清的開國元勳黃興，約 1912 年。
附貼有袁世凱像的共和紀念郵票，於 1913 年投寄。

1916 年 6 月 6 日，袁世凱腎病去世，黎元洪署任總統，掌財政之梁士詒（燕蓀）逃往外國使館區的東交民巷。

6 月 19 日，港人慶祝黎元洪繼任大總統，紛紛燃炮竹誌慶，多人因而被罰 10 元。

10 月 25 日，政府決定委任伍廷芳為外交總長。伍氏曾於香港任律師，1880 年獲港督軒尼詩（Sir John Pope Hennessy）委任為定例局（立法會）議員，為華人之第一人。伍氏於 1922 年 6 月逝世。

1919 年，梁士詒任財政總長，後來定居香港。1927 年 9 月 25 日，假座中環華人行頂樓之南唐酒家，設宴慶祝其 85 歲壽辰。

1922 年 1 月 11 日，中華海員工業聯合會（海員工會）要求加薪不遂，實行罷工，6,000 多工人響應。第二日，2,000 多人乘火車往廣州，數天後，更多工人赴省城，因年近歲晚，旅客更多，故九廣火車十分擁擠。當局實施離港需領出口執照措施。

受罷工影響，內地運港之肉米菜蔬停止，價格上漲。

後來，包括牛奶公司、酒店、車衣行、派執工人及搬運工人苦力等亦加入罷工行列。到了 3 月初，在當局與各方調停和商討下，達成協議，罷工才告結束。

約 1912 年，由“北便上環街市”（現為西港城）東望德輔道中，不少華人商住樓宇飄揚慶祝旗幟。

廣州沙面和沙基的景象，約 1925 年。

1925 年 5 月 30 日，為反對外國人在中國的強權和勢力，上海市民和學生舉行集會和演説，多人在公共租界南京路遭英國巡捕槍殺，是為著名的"五卅慘案"。

事件引起全國人民和香港市民的抗議，香港海員於 6 月 20 日發動總罷工。

6 月 23 日，英法軍警開槍射殺在廣州沙面沙基遊行的羣眾，造成死傷百多人的"沙基慘案"。隨即引起省港總罷工。大量香港罷工工人返鄉，各行各業幾乎全部停工。

同年英國委任熟識香港事務的金文泰（Sir Cecil Clementi）任港督，上任後，與廣東當局接觸、磋商後，罷工於 1926 年 10 月宣佈撤銷，局勢才告緩和。

約 1925 年的上海外灘。右方為英租界大馬路（南京路）口的滙中飯店（現為和平飯店北樓）。右中部可見巴夏禮爵士（Sir Harry Smith Parkes）的銅像（香港的"白加士街"以他命名）。

德輔道中，約為 1925 年省港大罷工期間。正中為麗華公司、玉波酒樓及先施公司。

曾行刺攝政王，於民國成立時任廣東都督的汪兆銘（汪精衛），1912 年。

1929 年 8 月 27 日，革命家潘達微在跑馬地萬松坊 5 號住宅逝世，孫中山之子孫科電覆，潘氏可安葬於黃花崗。

1930 年 3 月，汪精衛抵港，居於九龍。日本記者請求左派人士介紹，前往訪問。

1935 年 4 月 19 日，香港各界為尤令季（尤列）先生祝壽。

1936 年，香港報章報導魯迅（周樹人）在上海病逝的消息。

4 月 10 日，兩廣鹽運使陳維周抵港。

5 月 27 日，港僑在荷李活道孔聖堂，公祭革命先烈胡漢民。

7 月 8 日，中國與美國白銀協定成立，上海商業儲蓄銀行總經理陳光甫，與經濟專家郭秉文、顧子季組成之談判代表團經港返國。

7 月 19 日，粵省領導人“南天王”陳濟棠下野，乘海虎號軍艦由粵抵港。

1938 年 1 月 12 日，蔣介石夫人宋美齡抵港，曾往沙宣道探望宋靄齡，稍後居於山頂新居。

3 月 5 日，蔡元培（孑民）在養和醫院病逝，在摩理臣山道福祿壽殯儀館治喪。於 3 月 9 日出殯，由殯儀館出殯經薄扶林道永別亭，再至摩星嶺東華義莊。送殯行列由百多部汽車組成，追悼會於 3 月 24 日在香港大學禮堂舉行。

增調來港應對香港罷工及內地北伐的英軍，在西營盤干諾道西巡行，1927 年。
左方為位於與威利蔴街交界的“香港仔街坊汽車”停車站。

1939 年 1 月 16 日，報載“東江別働隊”（東江縱隊）異常活躍，迭予日軍重創，惟缺棉衣，望本港各界捐助。

1941 年 6 月 13 日，旅港滬（上海）甬（寧波）紳商假九龍塘俱樂部，為上海名人虞洽卿祝壽。

1945 年和平後的復員初期，大量中國之“新一軍部隊”駐紮於九龍塘，有憲兵維持軍紀，稍後乘輪船北上。因人數眾多和船隻缺乏，至 1946 年 6 月才全部離開。

1947 年 10 月 10 日，“中國民治黨”港澳支部，假德輔道中大同酒家舉行開幕禮。

10 月 23 日，中國僑務處曾建議發出“港澳僑民身份證”，但因港當局不同意而作罷。11 月 22 日，駐港“外交部兩廣特派員公署”，由即日起停止簽發護照，改由廣州該署辦理。

1947 年 11 月，中國九龍關辦事處，設於皇后大道中公主行 4 樓，每日往報關者眾多，場面十分擁擠。

1948 年 3 月 25 日，中港緝私協定已屆實施階段，一艘中國緝私艦已駛抵深水灣，進行測勘工作。

4 月 18 日，沙頭角勘界備忘錄，中英雙方當日簽字，因在戰時，中英邊境多處界石，被日軍移走。

5 月 20 日，本港各界慶祝中國正副總統蔣介石及李宗仁就職，並辦花車巡行，港九各 25 輛。

農曆新年期間的文咸西街，各“南北行”商號均升起“紅黃藍白黑”的國旗。

8 月 24 日，馬士灣中國海岸關卡修復，海關亟謀恢復工作。九龍關分有：大鏟、深圳、三門及九龍火車站等支關，稅務司為戈略爾（G. N. Gawler）。

10 月 4 日，緝私協定海界附圖，中港雙方簽字施行，中國緝私員辦公處成立，港方撥出水警警署作中方的辦公地點。

10 月 10 日，慶祝雙十節，中國外交部駐港特派員郭德華，在寶珊道特派員官邸，設茶會招待各界。

10 月 30 日，中國海關緝私船，開駐馬士灣及后海灣。11 月 1 日，開始在油蔴地避風塘及西區招商局碼頭，設兩個支關，往內地貨物可在此支關呈交報關單，並在此驗貨。任外交部駐香港簽證貨單辦事處專員為傅秉坤。

1949 年 8 月 31 日，國民黨中央委員陳策逝世，享年 57 歲，在加山孔聖會追悼。

9 月 9 日，駐港的中國海關船艦，奉命駛往台灣。

10 月 15 日，廣州解放，九龍關服務仍維持。翌日，九龍關在邊境設立的支關關卡，包括：沙頭角、文錦渡、深圳、桂廟、白石洲、南頭及大鏟等已被新政府軍接管。

1950 年 2 月 25 日，中央人民政府接管中國海關在香港設立的“九龍關稅務辦公署”。一個月後，接管各國有機構。

約 1965 年在政府山輔政司署舉行的立法局會議，議員大部分為外籍人士，主席為港督戴麟趾爵士（Sir David Clive Crosbie Trench）。

第二章 風雲人物

1910 年代，香港的著名富商為遮打爵士（Sir Catchick Paul Chater），他是九龍倉、置地公司及香港電燈的創辦人之一，1892 年起任香港賽馬會主席。

1910 年前後，有不少為買辦的知名華人。所謂買辦，是作為銀行、洋行及船公司等外資機構，與華商之間的中介人及承保人，從中抽取酬勞或佣金。

香港九龍置業按揭有限公司股票

茲立股票照得本公司集資本銀壹百萬員分作伍仟股每股本銀弍百員先科壹百員其餘壹百員俟有應行再科集議繳足今

陳敬亭翁按照本公司章程附入壹拾股每股壹百員共銀壹仟員由第叁佰柒拾玖號至叁佰捌拾捌號該股本經已如數交足業已登註本公司股份冊內特發此票存據

總理銀両事務人

總理公司事務人

光緒廿伍年伍月弍拾日 香港九龍置業按揭有限公司 發

香港九龍置業按揭有限公司的股票，可見韋寶珊、招雨田、劉渭川及周少岐等知名人物之印章及簽名，光緒二十五（1899）年。

永安公司創辦人郭泉

以下為當時的著名買辦及機構：

買辦姓名	任職機構
梁仁甫	唎行（即仁記洋行）
余寶森	大酒店
劉泮樵	滙豐銀行
唐麗泉	好時洋行
黃麗川	九龍倉
莫幹生、莫藻泉	太古洋行
梁建安	荷蘭銀行
羅雪甫	魯麟洋行
容兆譜	和記洋行
韋寶珊	有利銀行
何萼樓、姚鉅源	萬國寶通（即“花旗”銀行）
陳庚虞	德忌利士船公司
劉鑄伯	屈臣氏
蔡立志	渣甸糖局
施靄人	青洲英坭
胡禧堂、莫詠虞	太古洋行船務部

當時的著名華商，有以下多人：

華商姓名	主事機構
郭泉	永安公司
陳孔欽	華英昌金山莊
馬應彪、歐彬、鄭幹生	先施公司
蔡昌	瑞永昌金山莊、大新公司
林護	聯益建造號
古輝山	寶隆金山莊
劉乃初	杏花樓
黃在朝	真光公司
梁澤周	廣生行
何棣生（即何福）	生昌裕糖行
區澤民	昭隆泰公司
謝纘泰	南華早報
何華生	瑞昌西藥行

羅旭龢爵紳

何曉生（東）爵紳

羅文錦律師

1911 年 10 月，新任布政司班士（Warren Delabere Barnes），於銅鑼灣馬球場（現中央圖書館所在一帶）打馬球時，心臟病突發逝世，後由 1912 年 1 月抵港的施勳（Sir Claud Severn）接任。山頂的施勳道是以他命名。

1913 年 3 月，羅旭龢（Sir Robert Hormus Kotewall）任署理裁判署首席書記，兼太平紳士。

1915 年《華字日報》介紹何東爵紳（Sir Robert Hotung）的生平如下：

"何東，字曉生，生於 1861 年 12 月 22 日，肄業於中央書院。17 歲受聘於廣州海關，1880 年服務於渣甸（怡和）洋行，1894 年為該行買辦。1900 年因身體不適告退，由其弟何福（Hofook）接任。稍後，由羅長肇繼任。到了 1920 年，由其婿何世良繼任，何世良為前買辦何福之子。"

1915 年，何東為置地公司、填海公司、天星小輪及纜車公司等機構的董事。1918 年，其女與羅文錦律師結婚。

在 1912 年就任港督，於登陸時遭槍擊，幸未被命中的港督梅軒利（Sir Francis Henry May），於 1919 年 2 月離任，由史塔士（Sir Reginald Edward Stubbs，又譯司徒拔）繼任港督。

1921 年，史塔士港督委任八名華人任太平紳士，包括葉蘭泉（廣萬隆炮竹廠）、莫幹生（太古洋行）及羅文錦等。

1922 年，太平紳士及潔淨局（後來的市政局）紳（議員）劉鑄伯逝世。劉氏為屈臣氏藥行買辦，以及天文台前書記。其子劉德譜於 1924 年成立"香港油蔴地小輪船有限公司"，承辦港九、新界及離島的渡海小輪業務。

劉德譜

在荷李活道中央警署檢閱警隊的港督梅軒利，1915 年。

1923年7月，港商招雨田逝世，他曾經營祥和銀號及全安燕梳（保險）公司。

1925年7月17日，普慶坊一列住宅樓宇因雨災倒塌，藥商黃祥華及全安燕梳的另一負責人周少岐遇難，周氏之子周埈年後來為華人代表。

11月1日，新任港督金文泰抵港就任。

1930年2月1日，金督被調任新加坡總督，當日有15架飛機作惜別表演。

2月15日，原為馬來亞聯邦政府總秘書之威廉貝璐（Sir William Peel）接任新港督。

1930年代初，華人代表為周壽臣、曹善允及羅旭龢。

1935年4月，大力士陳斗由內地來港，在太平戲院表演絕技，包括牙拉汽車、汽車過腹、上下針牀碎石及舞獅等。陳氏後來在深水埗荔枝角道行醫及授徒。

1936年4月，華商總會主席黃廣田病逝，享年61歲，他為太古倉（現新世界中心所在）的華人經理。

4月16日，拳師林世榮出國往海外一遊，二天堂主人韋少伯同行。

蕭敦（Sir Wilfrid Thomas Southorn，又譯修頓）於1926年就任香港布政司，1936年5月2日離港往西非岡比亞任總督，灣仔一新闢球場以他命名。其夫人比娜（Bella Sidney Woolf）熱心公益，因而獲OBE（大英帝國官佐）勳銜。

1937 年，華民政務司為那魯麟（Roland Arthur Charles North）。

1935 年繼貝璐任港督的郝德傑（Sir Andrew Caldecott），於 1937 年離港，就任錫蘭（斯里蘭卡）總督。港督由羅富國（Sir Geoffry Alexander Stafford Northcote）繼任。

1938 年，西商會（香港總商會）主席為祁禮賓（Sir Vandeleur Molyneux Grayburn），他亦為滙豐銀行總司理。

1939 年 5 月 30 日，富商余東璇兩名兒子，在般咸道古堡式新府邸舉行婚禮。

7 月 7 日，東亞銀行負責人李子方，代任華人代表的職務，他是鶴山縣維墊鄉人。

1940 年 5 月 14 日，港督羅富國返英度假，華人在羅旭龢爵士私邸設宴餞別。8 月 8 日，代理港督岳桐中將（Edward Felix Norton）抵港，由原代理港督之布政司史美（Norman Lockhart Smith），率一眾官紳在皇后碼頭歡迎。

9 月 14 日，當押大王李右泉出殯，享年 79 歲，在西環一別亭辭靈。

11 月 29 日的港府高層官員名單如下：

華民政務司鶴堅士（B. C. K. Hawkins）、財政司畢打士（Henry Robert Butters）、代理布政司那魯麟、工務司皮亞士（T. E. Pearce）、警察司巴調、航（船）政司蒙輅。到了 12 月 23 日，鶴堅士改任勞工司，一位夏利翕女士接任華民政務司。

12 月 5 日，代理港督岳桐巡視位於西營盤的難民醫院。

周壽臣爵紳

曹善允博士

華人代表周埈年

同年 12 月，華人代表為譚雅士（William Ngartse Thomas Tam）。

1941 年 3 月 13 日，因健康欠佳，返英度假十個月的羅富國總督回港復任，代港督岳桐返英。

5 月 11 日，1877 年出生的富商余東璇，在大埔別墅病逝。余氏在馬來亞發跡，余仁生藥行為名下商業之一。

出殯行列長達一英里，由般咸道別墅出發，經路祭地點皇后大道中的余仁生藥行，逕往西環一別亭辭靈，旋運往大埔別墅內安葬。皇家軍樂隊在出殯行列中為先導。

1939 年 4 月，胡漢輝先生考入香港“中國新聞學院”，受教於著名政論家喬木（喬冠華，1970 年代任外交部長）等人士。

畢業後，胡氏與多名志士組織“中新通訊社”，積極宣傳抗日。1942 年因日軍嚴緝而舉家離港回鄉，但仍繼續撰寫敵後新聞報導。

和平後，胡氏回港創設利昌金舖經營黃金業務，由 1970 年起歷任七屆金銀業貿易場理事長，並獲“金王”的美譽。期間亦促成金銀證券交易所於 1971 年開立，並任主席以及聯合交易所主席。

1983 年 9 月，中英就有關香港前途的談判出現阻滯，導致港元匯率急劇下跌，香港經濟風雨飄搖。為了“穩住香港”，胡氏在私邸宴請中國銀行行長蔣文桂及香港財政司彭勵治（Sir John Henry Bremridge）。二人經磋商後，促成港幣兑美元之聯繫匯率的制訂，局面才告平息。胡氏於 1985 年病逝。

1983 年，胡漢輝與港督尤德（Sir Edward Youde）（左）、財政司彭勵治（中）合照。

1941 年 6 月 28 日，港督羅富國因健康欠佳辭職返國。

8 月 16 日，舉行獻金救國運動，藝人關德興捐出港幣 6,000 元。

新任港督楊慕琦 (Sir Mark Aitchison Young) 於 9 月 10 日抵港，在皇后碼頭登陸，於娛樂戲院宣誓就職。

9 月 21 日，各文化團體追悼逝世之港大教授許地山。

日治時期，楊慕琦被囚於台灣及瀋陽，1946 年 5 月 1 日起復任港督，為期一年。當時的輔政司為麥道高 (David Mercer MacDougall)，華民政務司為杜德 (Ronald Ruskin Todd)。

1946 年，越南遜王保大來港，享受優悠的寓公生活。

4 月 24 日，林世榮師傅在內地逝世，香港各界舉行追悼會。

1947 年 12 月 14 日，港府公佈首批女太平紳士，當中包括：周錫年夫人、周埭夫人、周日光夫人、蔣法賢夫人、曹善允夫人及李樹培夫人等。

1949 年報導，周壽臣爵士於 1861 年 3 月 12 日在香港仔出生，是第一位華人行政局議員，獲英皇喬治五世 (King George V) 特頒詔書，終身保持行政立法議員之"閣下"的稱謂。

1950 年 1 月 14 日，何甘棠 (棣生) 逝世，他生前居於衛城道 7 至 9 號的"甘棠第"。

3 月 8 日，社會局長麥道軻 (John Crichton McDouall)，任署理華民政務司。

香港總督楊慕琦，1941 年。其背後是港紳周埈年。

第三章 社會與人口

1902 年，當局統計全港人口為 311,824。當時華人為 293,200，外籍人士為 18,624。到了 1911 年 6 月，則急升至 453,793，計為華人 440,636，外籍人士 13,157，外籍人士減少了。當時華人位於太平山區（上環一帶）的樓宇，被統稱為"咕喱（或稱苦力，搬運工人）館"。

其實，當時是有不少供苦力工人住宿，領牌經營之真正"咕喱館"者。此外，亦有供海員住宿的"行船館"。

直到二十世紀初，香港仍有不少稱為"妹仔"的婢女。

1921 年，三名婦人將一男子之小婢拐去，以 200 多元賣予新填地街一男子某乙。某乙帶婢出街時為原告所見，報警拘捕，三婦被解上巡理府（裁判署）審訊。

同年，當局進行人口調查，但交回冊紙的資料有不少誤差。因有謠傳香港要築橋過海，須捉男女童投入海中以祭水神；又恐查戶口是為了徵收人頭税，故不敢將人口實數呈報。

1922 年，海員工會屬下全體海員罷工，不少西商行業的工人，甚至洋住戶傭婦亦響應。

1925 年發生的省港大罷工，參加工人更多，要到 1926 年後才告解決。

正在玩"十五湖"紙牌的華人貴婦，約 1905 年。

灣仔區市集一帶的市民及孩童，約 1905 年。

山頂道（舊山頂道）的一隊男女搬運工人，約 1917 年。

位於香港仔大道的艇娘，1954 年。

1930 年 2 月 7 日，報載有 8,000 多居民蓄婢。當局限令婢主於六個月內往華民政務司署註冊。

1931 年 3 月 7 日，開始清查全港戶口。居民須於當日填妥冊表，一天後派查冊員按戶收回。統計結果，當時的人口為 821,492。

1935 年，反婢會主張，為免將"育女"(養女) 作為婢女，育女亦要註冊。

到了 1936 年 8 月 5 日，華民政務司發表不得僱用"妹仔"(婢女) 之《取締家庭女役則例》。1937 年 3 月，正式取締婢女制度，亦計劃取締育女之制度，因育女多在養育至成人時被迫作妓女。

1939 年 10 月，華民政務司報告，本港婢女截至 1938 年底，只餘 1,103 名。

一名“咕喱”（苦力）及其謀生工具：擔挑和麻繩，約 1955 年。

1930 年代一街邊補鞋攤檔，左方可見一稚齡婢女，亦可能為“住年妹”，即見習女傭。

由堅道向下望華人居住區的卑利街，約 1930 年。

自 1937 年中日戰爭發生後，本港人口到 1941 年 1 月，已達 175 萬，較開埠時約 8,000 人，遞增 200 多倍。同年 3 月，再進行人口調查。

淪陷時期，香港人口由 160 萬減至 50 多萬。

1945 年 9 月，英軍政府總督夏慤（Admiral Sir Cecil Halliday Jepson Harcourt）宣佈華人回港，不設限制。到了 1946 年 11 月，港府勸令貧民回歸內地，又搜捕無業遊民（當時為一罪狀），控於法庭。

1947 年 8 月 5 日，舉辦選舉市政委員（市政局議員）的市民登記，並訂條件和資格。而市政局法例制訂，於當年完成。

自 1947 年起，大量內地人士來港。到了 1949 年 1 月底，全港人口為 180 多萬。

1949 年，實施人口登記條例，居民需領身份證。1950 年開始，限制內地及澳門華人自由入境。

做"馬騮戲"（耍猴戲）的街頭藝人，約 1960 年。

第四章

土地與樓宇

1910 年，皇家估價官報告，該年所估之樓宇產業價值全港（港島）計為 1,100 多萬。

1911 年 8 月統計，港島由堅尼地城至銅鑼灣的"維多利亞城"內，共有屋宇 9,694 座，其中西人屋宇為 1,093 座，兵房及警局不包括在內。

1909 年 9 月 2 日動工興建的油蔴地避風塘，於 1915 年 10 月 16 日落成，由港督梅軒利主禮並奠石。

由堅尼地道望灣仔大佛口區，約 1905 年。正中有四座金字屋頂是被稱為"藍屋"的海軍食堂，其前方是法國教會的機構。其左方有兩座三角屋頂的長形建築是軍器廠。

中環半山至東區的景象，約 1910 年。左方可見聖約翰座堂和美利樓。
右中部為堅尼地道的佑寧堂。中上方有煙囪處是銅鑼灣東角糖廠。

1914 年，啟德營業有限公司，在九龍灣填築海灘地段，1918 年陸續竣工，在上興築住宅、廠房及貨倉租售，名為“啟德濱”。創辦董事為何啟及區德。

1919 年，橫亙於加冕道與彌敦道間的兩座小山漸被夷平。1926 年竣工後，由眾坊街旁至大埔道的加冕道亦改名為彌敦道。

同年三達（Standard）火油公司在荔枝角填海 160 多萬呎，以建可共貯 700 萬加侖的油庫四座。而由深水埗往荔枝角之 100 呎寬的荔枝角道亦開始闢建。

1921 年，華人置業的羅旭龢及蘇錫鑪，用約 150 萬元（每呎約 50 元），投得第二代郵政總局的地段，於 1924 年建成第一代華人行。同年，其隔鄰的畢打行亦告落成。

同年，由軍器廠以東灣仔海旁（莊士敦道及軒尼詩道）的填海開始，夷平摩理臣山及收贖用地需 500 多萬元。

1923 年 12 月 17 日，周壽臣、羅旭龢、馮平山及李石泉，獲港府批出香港仔黃竹坑區土地 50 英畝，以興建中西式住宅屋宇。

1927 年，皇后大道中 176 號原為五號警署及水車館（消防局）的地段，為何東之物業，興建了一商場式大樓，名為“何東行”，於 1928 年落成。

1926 年 1 月 1 日，位於畢打街與德輔道中之間的香港大酒店發生火警，消防員於渣甸行開喉灌救。正中為亞細亞行。

由砵典乍街東望德輔道中，約 1920 年。右方有“酒”招牌的是利源西街，正中是六層高的香港大酒店，所在現為置地廣場。

1930年，位於西營盤及軍器廠街之兩座“水手館”(Sailors’ Home)，遷往位於莊士敦道及晏頓街交界，落成於1929年的新水手館（所在現為衛蘭軒）。舊水手館及大佛洋行旁一列樓宇於1938年拆卸，以闢建軒尼詩道。

由域多利皇后街東望德輔道中，約1930年。最右方有竹棚的唐樓旁是中國街（約1970年易名為“萬宜里”）。其左方的近百年建築於1957年改建為第一代萬宜大廈。正中圓屋頂的建築是廣東銀行。

1932 年的中環。可見位於正中，落成於 1931 年的告羅士打行的大鐘樓。左方仍可見於 1932 年年底拆卸的第二代滙豐銀行。

同年 2 月，歷時九年的灣仔填海工程完成，當局批准在新填地上興建紅毛泥石屎（三合土）新式樓宇 1,600 間，因租價較廉，不少人遷往居住。

4 月 4 日，當局開始清拆跑馬地黃泥涌村之屋宇羣。後來開闢山村道、山光道等多條街道，興建住宅及馬房。同時，大坑各牛房發生牛瘟症。

1936 年 4 月 6 日，爹核士山（摩星嶺）與薄扶林道交界處，為何東所置的墳場。其他墳場還有：香港仔華人永遠墳場、雞籠灣墳場、咖啡園、柴灣及九龍城曬魚石墳場、何文田痘房墳場等。

1940 年 2 月，不少內地難民居於黃泥涌及大坑一帶之寮屋，當局令其移往渣甸礦場（渣甸山）一帶。

亦有不少內地難民，在港島北角的春秧街、西環吉席街、九龍城城南道、深水埗大南街露宿，或用破蓆搭屋以擋風雨。

有部分難民在九龍城客家村、蒲崗村、上元嶺等村落，以及深水埗軍營旁和長沙灣尾等區，租用空地，用竹木蓋搭寮屋以居住。

1941 年 3 月，因築防空洞的影響，港督府部分牆壁出現裂痕。港督移宿別處。

1946 年 9 月 20 日，港府公佈，淪陷期間的房屋買賣，須獲確定業權後，始可自由買賣。

1927 年的彌敦道。右方是加拿分道，正中屋頂有旗幟的建築是牛奶公司，旁邊是堪富利士道。
這些西式屋宇於 1950 年代末，分別被改建為金冠、昌興、文遜及金鑾等大廈。

約 1948 年的尖沙咀。左下方為天星碼頭。和平後不久，尚可見漆有戰時迷彩的九廣鐵路車站及半島酒店。

約 1951 年的尖沙咀。半島酒店右方的地段（現為喜來登酒店）曾舉辦多屆工展會。最高的建築是同年落成位於金馬倫道口的電話大廈（現為滙豐大廈）。右下方是太古的藍煙囪碼頭和貨倉，於 1970 年代末被改建為新世界中心和洲際酒店（前稱麗晶酒店）。右方中部的漆咸營現為香港歷史博物館和科學館所在。（圖片由吳貴龍先生提供）

1947 年 11 月 15 日，中國銀行香港分行，於 7 月間經拍賣購得大會堂舊址地皮，地價為每呎 251 元（當時山頂的地價每呎為 3 至 6 元），打算興建一座比滙豐銀行更高的摩天大廈。

同年，租住樓宇要繳交一筆“鞋金”（佣金）予經紀，亦要繳交一筆“頂手費”（轉讓費）予原住客，還要繳交一筆“熟性費”（允許轉讓費用）予業主，共需花費由 3,000 至 10,000 元不等。

租住一間房需 10 多至 30 元，而且“非眷莫問”。半山區的富戶樓宇，不少於戰時遭破壞不能居住，被貧民及流氓盤踞，以致治安不靖，警察實行驅逐。

同年 10 月，上環“卅間”（士丹頓街至永利街一帶）的樓宇，因年代久遠及戰事摧殘，已成“爛屋瓦渣崗”。各業主在東華醫院大堂開業主大會商議重建，由何甘棠、徐季良等任召集人。

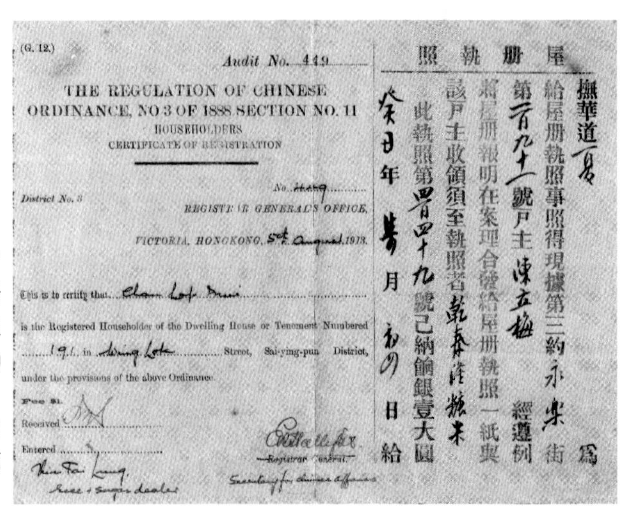
(G. 12.)

Audit No. 449

THE REGULATION OF CHINESE ORDINANCE, NO 3 OF 1888 SECTION NO. 11
HOUSEHOLDERS
CERTIFICATE OF REGISTRATION

District No. 3

No. 4449

REGISTRAR GENERAL'S OFFICE,

VICTORIA, HONGKONG, 5th August 1913.

This is to certify that Chan Lap Mui

is the Registered Householder of the Dwelling House or Tenement Numbered 191 in Wing Lok Street, Sai-ying-pun District, under the provisions of the above Ordinance.

Fee $1.

Received

Entered

Registrar General.

屋册執照

撫華道 為

給屋册執照事照得現據第三約永樂街

第百九十一號戶主陳立梅 經遵例

將屋册報明在案理合發給屋册執照一紙與

該戶主收領須至執照者 乾泰隆糖米

此執照第四百四十九號已納餉銀壹大圓

癸丑年 月 初四 日給

一張由“撫華道”（華民政務司）所發出，位於港島“第三約”，上環永樂街的屋冊執照（地契），戶主為成立於 1851 年之乾泰隆糖米商之有關人士。

由西營盤第二街下望正街（前）及第一街（中），其前方的攤檔所在後來建成街市，約 1951 年。
右上方與皇后大道西交界的正心茶樓，現為八達大廈。

1948 年 3 月，當局積極進行北角填海工程，完成後，聯益碼頭貨倉（現為和富中心所在）於新海旁興建。至於春秧街一帶的新填地，有人在此及背後的英皇道，興建 40 座唐樓，這一帶因而被稱為“四十間”。中華汽車的新車廠（現為港運城所在）亦在附近建成。

同年 11 月 12 日，公開拍賣位於禮頓道面向波斯富街，興建於 1853 年的舊一號警署，由電話公司投得。

11 月 30 日，位於荷李活道與士丹頓街間，皇仁書院原址之貧民寮屋區發生大火，200 餘寮屋付諸一炬，千多災民無依待援。該書院於淪陷時遭歹徒盜拆，淪為廢墟。1949 年在該地段興建警察宿舍，1951 年落成。

1949 年，灣仔月街、上環普慶坊卜公花園內，以及醫院道原日育才書社運動場內，共約 800 間寮屋被大火焚毀。同年，當局清拆中區“卅間”、深水埗界限街一帶，以及白田村、李屋村及蘇屋村的木屋。1950 年又清拆銅鑼灣芽菜坑約 200 間木屋，內有養豬居民居住。政府亦指定筲箕灣、摩星嶺、京士柏及荔枝角的部分地段為新木屋區。

同年 3 月，政府在禮頓山闢建公務員宿舍。該處原為私人住宅區，日治時代由日人佔據，改為“妙法寺”。

1950 年，不少新大廈落成，包括位於皇后大道中，頂樓為香港證券交易所的公爵行。至於由部分大會堂改建的中國銀行大廈，則於 1951 年落成。

約 1947 年的灣仔及銅鑼灣。左方可見修頓球場，中前方“冠海大茶樓”的右方是春園街。
右上方沿海最高的樓宇是“英美煙草公司”，所在現為伊利莎伯大廈。

一頂置於銅鑼灣東角的迎親花轎，約 1948 年。背後為卜內門（Imperial Chemical Industries, ICI）洋礦有限公司的貨倉，所在現為百德新街一帶。

約 1950 年的大坑區，可見位於介乎大坑道與現勵德邨道交界的大坑水窪，不少人在此浣洗衣物。左上方可見尚有明渠的浣紗街。

第五章 財經金融

1912年11月18日起，天星小輪及山頂纜車之船費及車資，只收香港之銀元、毫子及墨西哥鷹洋，包括中國貨幣等外幣，一概不收。

1913年5月，英國理藩院（殖民地部）指令本港禁止流通外國銀幣紙幣，滙豐、渣打及有利之紙幣除外，於1914年起施行。

1918年，因銀價甚高，而中國之銀根有短缺之象，包括香港在內全世界各地均禁止白銀出口。不少人攜帶銀幣出口在碼頭被截獲，所有銀幣充公。

1929年，香港向英國及孟買定鑄大量在港使用的英國貿易銀元（市民稱其為"港光"）。

1935年2月，中國財政部及美國，在港收購白銀及銀幣。因美國高價收購，以白銀為貨幣本位的中國首當其衝，以致需在港回購。影響之下，銀價飛漲，形成本港的銀元銀輔幣超值，投機分子搜羅銀幣出口外地以圖利。

港府於1935年11月禁止白銀出口。12月5日，跟隨中國取消銀本位制，港幣儲備由白銀改為英鎊。同時實施外匯管制。1937年5月起，英國貿易銀元（"港光"）不再為香港的合法貨幣。

中國銀行香港行長鄭鐵如提及，美國購銀對中國有利（因可趁機出售中國政府及民間存銀，獲得抗日經費）。

當時，銀幣於市面消失，為應付需求，港府曾於1935及1936年印製喬治五世的一元鈔票，並鑄造五仙及一毫鎳幣以供使用。

曾在香港使用，於 1891 年鑄造的廣東省龍洋（銀元）。

由 1895 至 1935 年為香港合法貨幣，被稱為“港光”或“站洋”的英國貿易銀元。

1935 年印製，用作取代英國貿易銀元的英皇喬治五世像，香港政府一元紙幣。此為香港政府發行紙幣的第一張。

1941 年 12 月 8 日，九龍淪陷，為應付港島各攤販之需求，港府徵用香港商務印書館印製，內地中國銀行的五元鈔票，加印"香港政府壹圓"字樣，作為港幣於市面流通。

1937 年，又由英運來較大量的喬治六世像，加有防偽安全邊的五仙及一毫鎳幣。

1939 年 6 月，金價為每両 160 港元。當時每一両黃金的價格為 35 美元。港幣兌美元的兌換率為 1 美元兌 3.846 港元。英鎊的兌換率為 1 英鎊兌 15.25 港元。

1940 年 3 月 8 日，立法局通過開徵戰時稅，用作戰時捐輸，方法是在港造船兩艘獻贈予英海軍。

12 月 7 日，一仙銅幣短缺，找贖極感困難。因銅鎳金屬價格上漲，有人偷運銅鎳幣出口，港府制訂新例以取締操控銅鎳幣。

1941 年 1 月 17 日，一婦人在中環街市購一雞酬神，於雞肚內發現一枚值 80 多元的英國金幣，此為內地淪陷區人民帶雞藏金出口，以避日軍及劫匪的耳目。

4 月 1 日，港府調高遺產稅率，最低為 1%，遺產 3,000 萬元以上的最高 52%。

因銅鎳輔幣短缺，當局於 1941 年 6 月及 10 月，發出一仙、五仙及一毫的輔幣券（紙幣），交滙豐發行。

當時，有大餐室發行一毫之通用券，恪於港例，券上印有"股東通用，別人無效"字樣。而先施、永安、大新及中華等四大公司，則發出五毫"贈券"，以作找贖，四大公司間可互相通用。

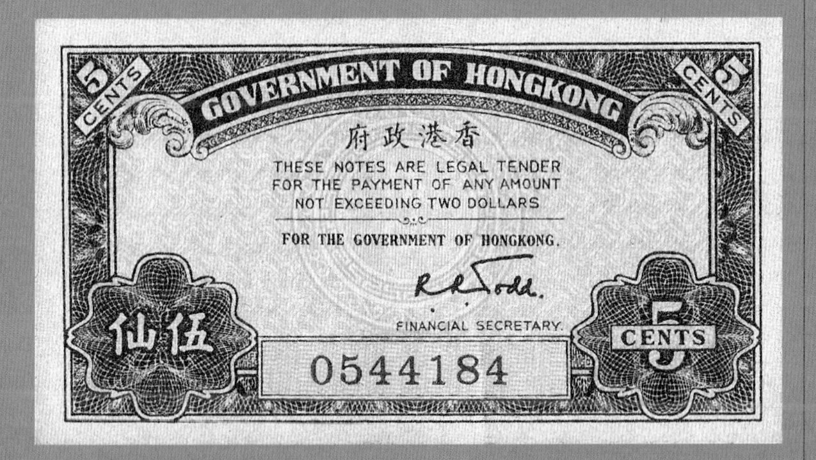

1941 年，香港政府印製以舒緩金屬輔幣短缺，一套三張的輔幣券。其中的一仙是當時世界上面值最低的鈔票。

THORESEN & CO. LTD.
MOLLERS' (HONGKONG) LIMITED
THE EAST ASIATIC CO
AMERICAN MAIL LINE LTD
COOK'S

由畢打街至昃臣道間的香港財經中心地段，約 1948 年。皇后行（所在現為文華東方酒店）樓下的 Thomas Cook's（通濟隆銀行）所發行的“通天仄”（旅行支票），世界馳名。

一茶樓被例行搜查時，被發現藏有一毫鎳幣百多元，司理人被警方以擾亂金融嫌疑，扣留查究。當時，找換店要將金屬輔幣存量，向警署呈報。

和平後的 1946 年 10 月 26 日，政府停止批准黃金入口。

11 月 22 日，立法局首讀通過，本港開徵筵席稅捐，5 元以上徵 10%。稍後，又徵跳舞稅。

1947 年 3 月 8 日，公佈地方稅草案，分有財產、利得、薪俸及利息四大類稅項。稅務局於 1947 年 4 月 1 日成立，開始辦公。5 月 2 日，在華人社團一致反對下，稅項草案在立法局通過。同年 11 月，已徵得稅項達 250 萬元。

同年 4 月 23 日，財政司公佈，禁止黃金入口，存有者須接受政府定價，售予港府。在此情況之下，黃金走私“無孔不入”，數名婦女利用陰道藏金集體走私，全部落網，最少者藏三條，最多者為六條。

迄至 1948 年，五仙及一毫均為紙幣，新硬幣於 1949 年 2 月 16 日發行，惟由鎳改為黃銅。

1949 年 2 月 1 日，港幣流通額為 7 億 8,000 萬，發鈔銀行計為：滙豐 7 億 2,000 多萬，渣打 5,100 萬，有利 370 多萬。

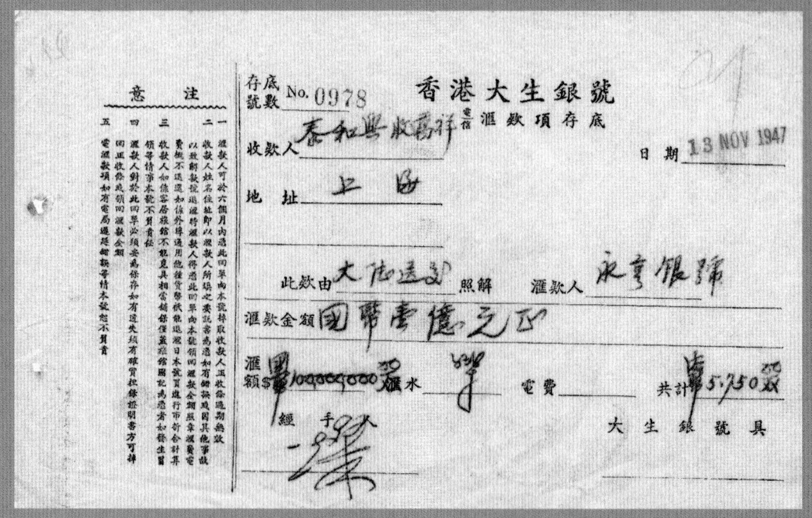

存底號數 No. 0978　香港大生銀號

電信滙款項存底

收款人

日期 13 NOV 1947

地址 上海

此款由 大陸送交 照解 滙款人 永亨銀號

滙款金額 國幣壹億元正

滙額$ 國100,000,000元 滙水 　電費 　共計 5,750元

經手人

大生銀號具

意注

一張由永亨銀號（行）委託大生銀號（行）匯送國幣一億元回內地的匯票，1947 年。

(I. R. Form No. 71.)

INLAND REVENUE ORDINANCE, 1947.
DEMAND FOR PROPERTY TAX.
YEAR OF ASSESSMENT 1948/49.

6TH JUNE, 1948.

MR. KWAN [illegible] MING,
% KWAN SING CHU,
58 BONHAM STRD. W.

SURCHARGE 4.46

6 CATCHICK ST.

Owner, *Landlord, or Occupier of, Agent or Attorney for above Tenement(s).*

TAKE NOTICE THAT you ~~are~~ required to pay Property Tax for the year ending 31st March, 1949, as follows:—

Rateable Value $ 2230
估定租值

Tax Payable at 5%, Less 20% Allowance for repairs & outgoings
應繳之稅以估定租值除百份之二十爲修葺費用外照百份之五計

$ 89.20
4.46
$ 93.66

此乃上開住屋應課稅項得向業主，地主或該屋住客或承批人或代理人追繳。該項稅款應於一九四八年七月三十一日或以前在香港德輔道中壹號A庫務司署繳納倘逾期未納則加徵百份之五凡用支票，滙單或銀行本票繳納此稅須書明支付『香港政府』及加橫劃並連同此通告書繳上。至於其他一切關於此通告書之函件須交香港稅務局局長收

副局長

This sum has been charged in respect of Tenements specified above and is recoverable from the Owners, Landlords or Occupiers of the said Tenements or their Agents or Attorneys.

Payment should be made at the TREASURY, 1A, Des Voeux Road C., Hong Kong, ON OR BEFORE 31st JULY, 1948, and if not paid by that date a penalty of 5% may be added.

Cheques, Drafts and Cashier Orders should be made payable to the "Hong Kong Government," and crossed, and should be accompanied by this notice. All other communications with reference to this Demand Note should be addressed to the Commissioner of Inland Revenue, Hong Kong.

P. D. A. CHIDELL
Assistant Commissioner.

（請將此單保持原狀並於繳納時交出則發回機印收據）

(Please produce this form INTACT AT TIME OF PAYMENT. It will be returned with the receipt machine-printed.)

RECEIVED the sum here stated in printed figures.

PAID　Per Accountant General

12-AUG-48　26533 H　1047 10 — J $　93.66

繳交物業稅的稅單，1948 年。

第六章 銀行業

1910 年 1 月 23 日，中國官商多知銀行之便，因此在內地設立多家銀行，當中包括：中國銀行、度支部大清銀行、郵傳部交通銀行。

早於 1907 年，交通銀行分行開設於皇后大道中 79 號，而大清銀行則於 1909 年 6 月，在香港文咸東街 69 號開設分支。

1911 年 3 月，由香港第七間發鈔銀行，中華滙理銀行所發出，流通於市面的鈔票仍有 25,000 多元。

同年 5 月 27 日，該創辦於 1891 年，有部分華資股本的發鈔銀行，宣告自行收盤。俟後的發鈔銀行為滙豐、渣打及有利。

大地產商李陞，於 1900 年逝世。報章於 1911 年 7 月披露其錢銀往來時，有"存錢入中國銀行"及"所欠中國銀行之款以 15 萬元為限"等項目，説明當時已有中國銀行。

同年 12 月 2 日，"前大清銀行"公佈，有大清銀行存款及票款者，可將存摺或存單交至文咸東街 69 號該行之香港分行，代換中國銀行之存單。

1915 年 12 月 21 日，滙豐銀行前總司理昃臣（Thomas Jackson）病逝。他於 1841 年出生，1864 年任職於發鈔銀行呵加剌滙理銀行（Agra and United Service Bank）。1866 年加入滙豐，1876 年升任總司理，在其卓越的管理下，滙豐成為全球最有勢力銀行之一。

1910 年代，每屆年初周年大賽馬的三至四日間，所有西商銀行均於每日上午 11 時 45 分起停止辦公。

約 1915 年，皇后大道中望大會堂，水池及背後的部分於 1948 年起興建中國銀行大廈（舊廈）。

位於皇后大道中 4 號與都爹利街（左）之間的，美侖美奐的第二代渣打銀行，約 1880 年。此地段於 1924 年為中國銀行的行址。左方的建築物曾為東藩滙理銀行第二代行址。1919 年東亞銀行亦在此開業。

由干諾道中望皇后像廣場及滙豐銀行第二代總行（右），及大會堂（左），約 1928 年。
持花圈的女神銅像為滙豐設置，以紀念 1914 年第一次世界大戰烈士。

經過皇后大道中 1 號滙豐銀行的英軍，約 1928 年。其左鄰為渣打銀行。

1918 年，滙豐銀行總司理為史帖（G. H. Stitt，又譯施迪）。

同年，兩間華資的工商銀行及華商銀行，分別在德輔道中 6 號及皇后大道中 13 號開業。

11 月 5 日，東亞銀行組織成立招股，行址為皇后大道中 2 號雪廠街口，於 1919 年 1 月 4 日開張，總司理為簡東浦。

而設於干諾道中 21 至 22 號的中國銀行香港分行，於 1919 年 2 月 24 日開幕。同年 5 月 13 日，鹽業銀行在文咸東街 47 號開設香港分行。

同年，廣東銀行由遮打爵士及舊沙宣洋行購得德輔道中 6 號現行址，稍後重建，於 1924 年落成。

1920 年，滙豐總司理史梯芬（A. G. Stephen，又譯史提芬），獲中國政府頒贈二等嘉禾章。

稍後開業的銀行包括：

銀行名稱	地址	開業年份
中華國寶銀行	雪廠街 2 號	1920 年
國民商業儲蓄銀行	德輔道中 169 號	1921 年
大英銀行	德輔道中 22 號	1922 年 （於 1939 年併入渣打銀行）
東方商業銀行	德輔道中 25 號	1922 年
殖工銀行	都爹利街 5 號	1922 年

漫步於德輔道中與雪廠街交界的不同階層市民，背景為落成於 1924 年的廣東銀行新廈。約攝於 1935 年。

1924 年，中國銀行遷往皇后大道中 4 號，鹽業銀行在德輔道中文華里口興建新總行大樓。

1924 年及 1925 年，中華國寶及華商銀行分別收盤。

1925 年，各大銀行的買辦有：

滙豐為何世榮，稍後為何世儉；

有利為何世耀；

渣打為容子名；

大英、萬國（花旗）、荷蘭安達皆為蔡寶耀；

法國東方滙理銀行（安南政府的銀行）為何穎泉。

1928 年 8 月 28 日，高等法院通過永安公司經營永安銀行的法例。永安銀行位於德輔道中 26 號，董事為郭泉、郭琳弼及李樹芬。

1929 年，滙豐設於半島酒店的首間九龍分行開幕。

約 1929 年的尖沙咀半島酒店。正中兩棵樹之間是同年開業的香港上海滙豐銀行九龍分行。

位於文咸東街 11 號的道亨銀行，1992 年。道亨連同廣安及海外信託銀行，於 2003 年轉變為星展銀行。

1930 年 2 月 3 日，工商銀行位於皇后大道中 12 至 14 號的新廈行址落成，分行位於油蔴地彌敦道。可是該行於 1931 年 3 月 31 日宣佈收盤停業。

1935 年，嘉華銀行及國民商業銀行亦曾收盤，兩者皆於 1936 年復業。廣東銀行亦曾一度於 1936 年收盤。

同年 2 月 12 日，滙豐銀行總司理祁禮賓因金融問題赴上海。

2 月 28 日，有利銀行四年前遺失 25 元面額，已註銷的廢鈔 300 張，在市面被使用，幾間銀號誤換因而招致損失。

1935 年 9 月，大會堂大部分被拆卸，部分讓予滙豐銀行改建，於同年 10 月 10 日落成。大會堂以東的部分曾作滙豐的臨時辦事處，政府將其用作遮打爵士遺下古物之陳列所，部分為公共書樓。

10 月 20 日，香港金城銀行開業，行址位於太子行。

1937 年，中國銀行行長為貝祖貽，香港分行行長為鄭鐵如。

同年 3 月 24 日，位於皇后大道中 175 號的“大有銀號”收盤。和平後的 1947 年 4 月 18 日，一間由高可寧家族開設的“大有銀號”成立。到了 1977 年 6 月 17 日，中文名稱改為“大有銀行”。

1938 年 3 月 29 日，中國國貨銀行香港分行，在德輔道中 22 號大英銀行舊址開業。

約 1925 年的文咸東街銀號區。正中貞昌銀號的右鄰是位於 11 號的道亨銀號。“貞昌”兩字的左方，有一“道亨匯兑銀両”的招牌。

1940 年，銀行之營業時間為上午 9 時至下午 3 時半，星期三及星期六則為上午 9 時至正午 12 時。

1941 年 5 月，中國銀行一度在皇后大道中 13 號的勝斯酒店樓下辦公。

12 月 3 日，港督為適應戰時需要，訂立滙豐銀行遷移法，但為時已晚，12 月 8 日，九龍已被日軍侵佔。

和平後的 1946 至 1949 年間開業的銀行有包括：成天銀行、正和銀行、大新銀行、復興銀行、廖創興儲蓄銀莊（創興銀行）、成大銀行、汕頭商業銀行、泰國盤谷銀行、集友銀行、四海通銀行及寶生銀號（行）等多間。

1948 年約 2 月 29 日，銀行銀號註冊截止申請。根據統計，當時共有：
外資銀行 14 間；
華資銀行 32 間；
華人銀號 120 間；
金銀找換店約 100 間。

不少華人銀號是持有"Bank 牌"，即銀行牌照者。

同年 2 月 23 日，大會堂的舊剩餘部分拆卸，以興建中國銀行大廈，後者於 1951 年落成。

10 月 2 日，位於彌敦道 664 號的滙豐旺角分行開幕。同時在對面的 659 號籌建一新分行。

1946 年滙豐銀行發行的 5 元鈔票，右方的簽名是總司理摩士（Sir Arthur Morse）。

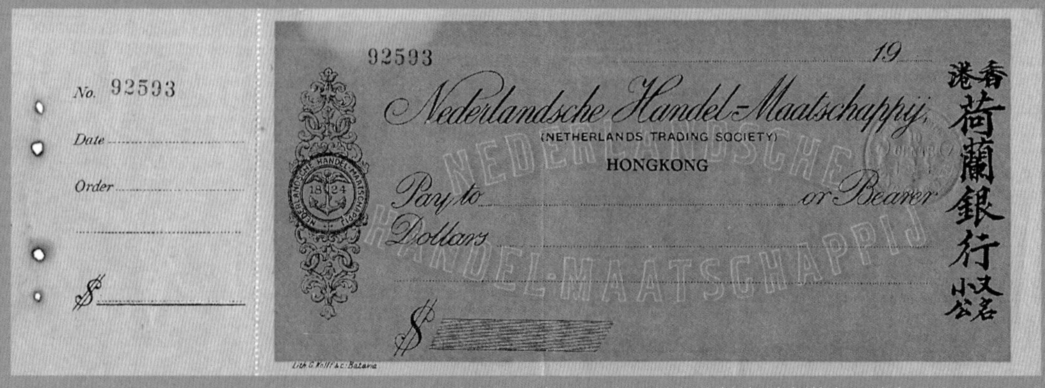

荷蘭（小公）銀行的支票，約 1948 年。該行位於皇后大道中 9 號與雪廠街交界。

1955 年 10 月 1 日國慶日的中國銀行（左）及滙豐銀行（右）。

由上環急庇利街東望德輔道中，約 1950 年。左方為位於 265 號， 1920 年代初開業的嘉華銀行。該行於 1970 年代中遷往右方“大同酒家”的位置，現時被易名為“中信銀行(國際)”。

第七章 股市與金銀業

香港最早的股票交易所，是成立於 1891 年，由外籍人士組成的“香港股份總會”。到了 1921 年，再成立一間以華人為主的“香港股份經紀會”。

1910 年，一間提供黃金及白銀交易的“金銀業行”成立。1918 年定名為“金銀業貿易場”，場址為德輔道中 248 號。

1921 年，再有六間證券交易所成立，包括：香港中外物品證券交易所、香港華商物品證券交易所、中華貿易所、香港世界交易所、香港華南證券物品交易所，以及太平洋銀業交易所。

包括“中外”及“華商”的三、四間曾開業買賣成交，但由 1922 至 1924 年，六間新交易所陸續遭政府取締而結業。

當時成交的股份，有青洲英坭、德忌利士輪船、蔴纜公司、渣甸中華糖局、德士（的士）車、南洋煙草公司、九龍倉及黃埔船塢等。此外還有“澳門賽狗會”及“南華澳門賽馬場”的股票。亦有不少在上海掛牌的上海公司，如：上海怡和紗廠、上海船塢等。

當時，有不少婦女熱衷炒股。當時商界人士稱股票經紀為“鱷魚”，交易所所在的雪廠街被稱為“鱷魚塘”，意謂該街經紀常聚，乃害人之地。

約 1940 年的中環金融心臟地帶。正中的雪廠街為證券交易所所在。

金銀業貿易場入場證章，1930 年代。

1927 年 10 月 1 日，金銀業貿易場位於孖沙街的新場址開幕。

1933 年，兩間證券交易所議決只限現金交易，以取締投機分子過度買空賣空，操縱市場升跌。稍後規定買賣股票期貨，須註明股票號碼。

1936 年，金銀業貿易場各會員捐款以助中國購買飛機抗日。當年的主席為道亨之董仲偉，副主席為永隆之伍宜孫，司庫為鄧天福銀號。

1939 年 9 月 5 日，因歐戰關係，本港股份整天全無成交。1941 年 4 月 28 日，股份總會及股份經紀會，全日總成交額共 3 萬多元。

日治時代，股票交易停頓，但有對港前途持信心者，在報章登廣告低價收購股票。

和平後的 1946 年 9 月，兩間交易所仍未重開，但大量外資湧至，股票暗盤買賣活躍。

1947 年 3 月 31 日，兩間交易所合併為“香港證券交易所”，是日股市才正式恢復交易。當日滙豐銀行每股成交價為 1,710 元，戰前為 1,445 元。

同年 5 月 25 日，“股市中止法令”放寬，包括：中電、港燈、大酒店、電車、廣生行及黃埔船塢等 20 間公司的股票，獲准過戶。

當年有一位交易所會員經紀艾利斯 (F. M. Ellis)，根據 12 隻熱門股票的成交價格變動，設計一“艾利斯指數”，定於 1946 年底，以 100 點為基數。1947 至 1949 年，指數最高為 155，最低為 123。此指數因艾利斯氏離港返英而停止。

1950 年，股票每日成交額為 30 至 40 萬元。

金銀業貿易場宣佈

取銷永誠港利牌照

對倉銀號損失無法補償

金銀業貿易場宣佈取消永誠及港利兩家銀號牌照的通告。

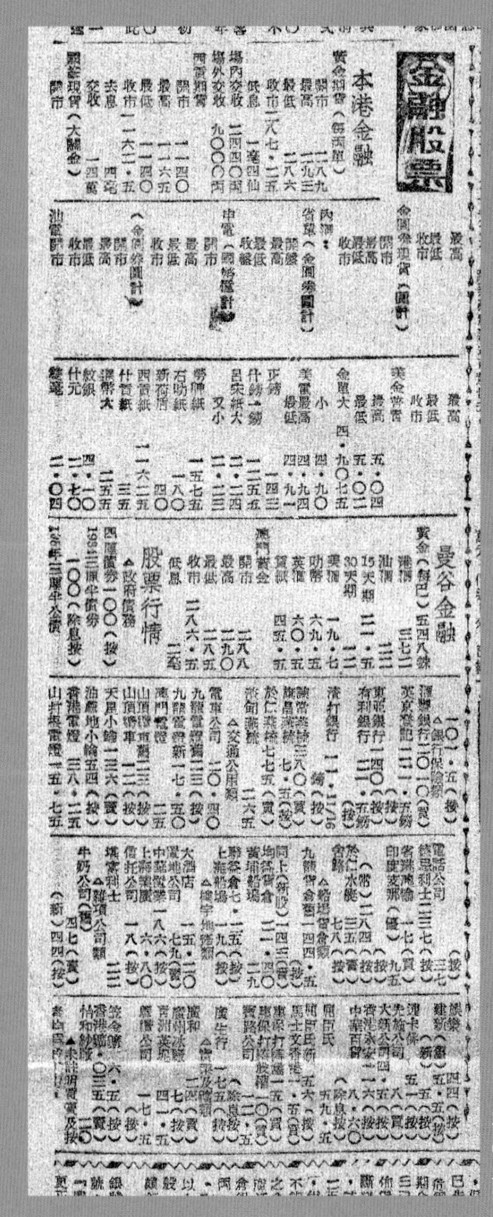

金融股票

本港金融

曼谷金融

股票行情

1948 年 9 月 3 日的《華僑日報》，刊載由金銀業貿易場提供的黃金及國幣（內地貨幣）等行情，以及由香港證券交易所提供的股市行情。

位於雪廠街，香港證券交易所所在的公爵行樓下的股市成交報價牌，約 1969 年。

位於皇后大道中公爵行頂樓，香港證券交易所的交易大堂，約 1970 年。

一直在永樂東街（早期名為“永樂坊”）52 號營業，開業於 1870 年代的昌盛金舖，攝於 2002 年。

二十世紀初，香港已有鴻裕、蚨豐、麗興、信記及安隆等銀號，以及昌盛、南盛、天吉天和等老牌金舖，經營錢銀找換，以及買賣金條、金葉（當時薄如蟬翼的金葉，質地柔軟，因易於貼身收藏及分拆出售而大受歡迎）等生意。當時金舖的主要生意為鎚打金葉運往外埠。1909 年每両金葉為港幣 60 元。

1910 年，鄧志昂承購鴻裕銀號，後來開辦一鄧天福銀號。

其他著名的有馮平山為司庫的亦安銀號，及簡東浦主持之德信銀號，兩氏皆為東亞銀行的主要股東。

稍後，金銀首飾店還有太源、大興、隆盛、榮華及天源等，亦包括永安和大新百貨公司。

1921 年，金舖金號行業被劃入“打金葉行”、首飾店被劃入“金銀首飾行”，而銀號則歸入“銀業行”。此外亦有一些專投機英美金幣的“炒金”公司。

著名金葉行有位於皇后大道中 6 號的馮登記，宣稱其出產之金葉極適合安南及南洋各埠的銷場和製造首飾。東主馮民德為香港用西式方法化煉黃金白銀的先驅。馮氏稍後在德輔道中開設“信行金銀公司”，1964 年才結業。

1924 年，信行、永盛隆、麗興及源通利等四間金號，為足金金葉的報價行，當時足金金葉每両港幣 35 元。

由皇后大道中望文咸東街，約 1918 年。這一帶金號銀號雲集，正中可見“足赤金葉”的招牌。左方為蘇杭街（早期名為“乍畏街”）。

由上環急庇利街西望皇后大道中，約 1920 年。可見多間出售金葉、金銀首飾的店舖。右方可見部分南便上環街市。

約 1930 年，由德忌利士街西望德輔道中，右方可見位於 53 號經營“千足金條”的信行金銀公司。

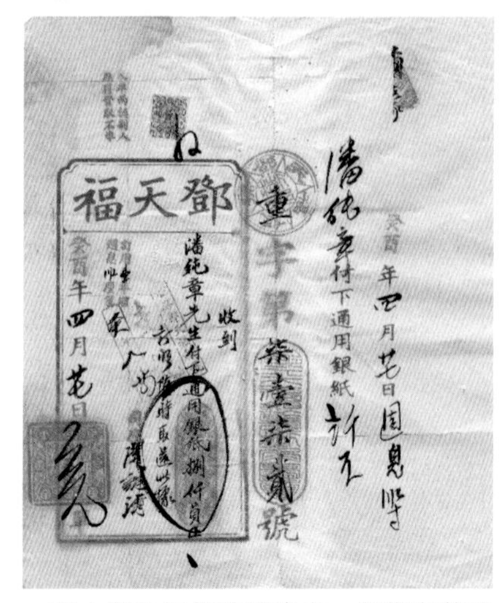

一張由鄧天福銀號發出之一年期存款單據，1933 年。訂明年息三厘六，並貼有一枚十仙的印花。

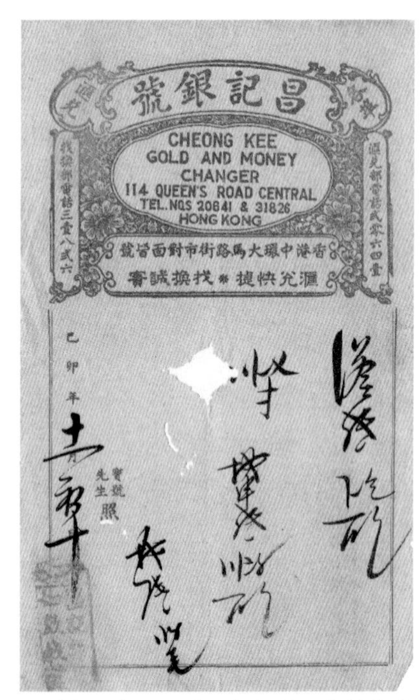

皇后大道中 114 號昌記銀號的外幣找換發票，1949 年。

1927 年 7 月，本港經營金銀及外幣找換的銀舖銀號共有 200 多間。當時，各銀行買辦要求各舖號凡出售外幣予銀行，需在幣面上蓋上小圖章以作保證，但遭業界反對。導致銀舖銀號代表之金銀業貿易場，致函滙豐買辦何世榮及渣打買辦容子名，要求取消。

同年 9 月 27 日，報價行之一，規模宏大，位於文咸東街 52 號之源通利金舖收盤。

1932 年 12 月 12 日，銀舖銀號行會之"銀業聯安公會"，假石塘咀金陵酒家舉行開幕儀式。該會主管為鄧天福之子鄧肇堅，以及潘曉初。

1939 年 10 月 3 日，港府為維持戰時金融，施行買賣外匯統制法令，舉行全港各銀號登記。

當時的著名銀號，有成立於 1920 年代的道亨，1930 年代的恒生、永隆、永亨及廣安等，後來皆成為大銀行。

淪陷期間，各銀號陸續停業。和平後的 1946 年大部分復業，包括皇后大道中中環街市對面的僑聯、永隆及昌記，文咸東街的德昌及牛記，以及畢打街的騰記。

此外還有不少買賣及投機 K 金（94.5% 成色）金條的金號。

1950 年代初，不少投機 K 金的店號因市場不景，結束營業。而不少腰纏萬貫南來的江浙大亨，因投機失敗而致一無所有，淪落於街頭販賣豆漿、油條和臭豆腐等。

在干諾道海旁，接待及與海路來港商旅交易的金銀業商船艇，約 1930 年。可見老牌昌盛金鋪的布招。

第八章 工業發展

早於 1912 年，已有一家敬記船廠，開設於灣仔海旁，即現莊士敦道。

1915 年，亦有一共和電船工廠，位於灣仔二號警署附近海旁，即現莊士敦道與菲林明道交界，專造大小電船及帆船。

當時位於灣仔規模較宏大的廠房，還有克街旁的廣生行化粧品廠，以及堅拿道西迄至天樂里一帶的南洋煙草公司、堅拿道東及糖街一帶的中華糖局（稍後改名為中華製糖有限公司）。一時瑜亮的是位於鰂魚涌的太古糖廠（現為太古坊所在）。

港島的大企業還有位於香港仔的大成機器造紙有限公司，以及堅尼地道 8 號的皇家洗衣局。

至於九龍的工業最大是約 1910 年成立，位於旺角彌敦道至洗衣街之間的東方煙廠，以及位於廣華街，始創於 1901 年的油蔴地機器洗衣局。

約 1911 年，由文華里西望德輔道中。左方為位於 250 號與禧利街交界，以化粧品及花露水馳名的"雙妹嚟"廣生行。

約 1900 年的銅鑼灣海旁東（軒尼詩道），左方為現時糖街及京士頓街一帶的東角渣甸中華糖局廠房。

灣仔工業及造船業區域，克街及巴路士街一帶的海旁，約 1905 年。

1920 年代的工業機構，計有：

- 中華電器製造廠，標榜為："肝膽照人，國貨之光"；
- 中華製釘有限公司；
- 利民興國織造有限公司，位於西貢街 15 號；
- 廣新織造廠，位於旺角砵蘭街 140 號；
- 屯門青山磚窰機器製磚公司。

1930 年代，有以下多家：

- 周藝興織造廠，位於旺角廣華街；
- 華益印鐵製罐廠，位於西環爹核士街；
- 全新織造廠，位於深水埗塘尾道；
- 華商羣益製造暖水壺廠，位於旺角。

1939 年報載的各行各業回顧，主要有 55 行，當中涉及工業的還包括：

牛皮行、糖薑行、鑛業行、銀硃行、罐頭行、陶器行、樟木槓、炮竹行、製漆行、鞋行及麵粉行等。

1930 年代後期的廠商，還有以下多家：

- 棉藝織造廠，生產鱷魚嘜恤衫，位於大角咀；
- 美和製通帽及製織廠，位於軒尼詩道 360 號；
- 馮強樹膠製造廠，位於筲箕灣西大街；
- 香港製釘廠，位於北角糖水道；
- 長安算盤廠，位於旺角道；
- 捷和鋼鐵廠，位於大角咀晏架街及土瓜灣貴州街；
- 香港啤酒廠（生力啤酒），位於青山道 15 咪；
- 新寶興化砂玻璃廠，位於英皇道 195 至 201 號。

東角煤倉（現為百德新街一帶）的運煤工人，途經接近波斯富街的一段海旁東（軒尼詩道），約 1905 年。

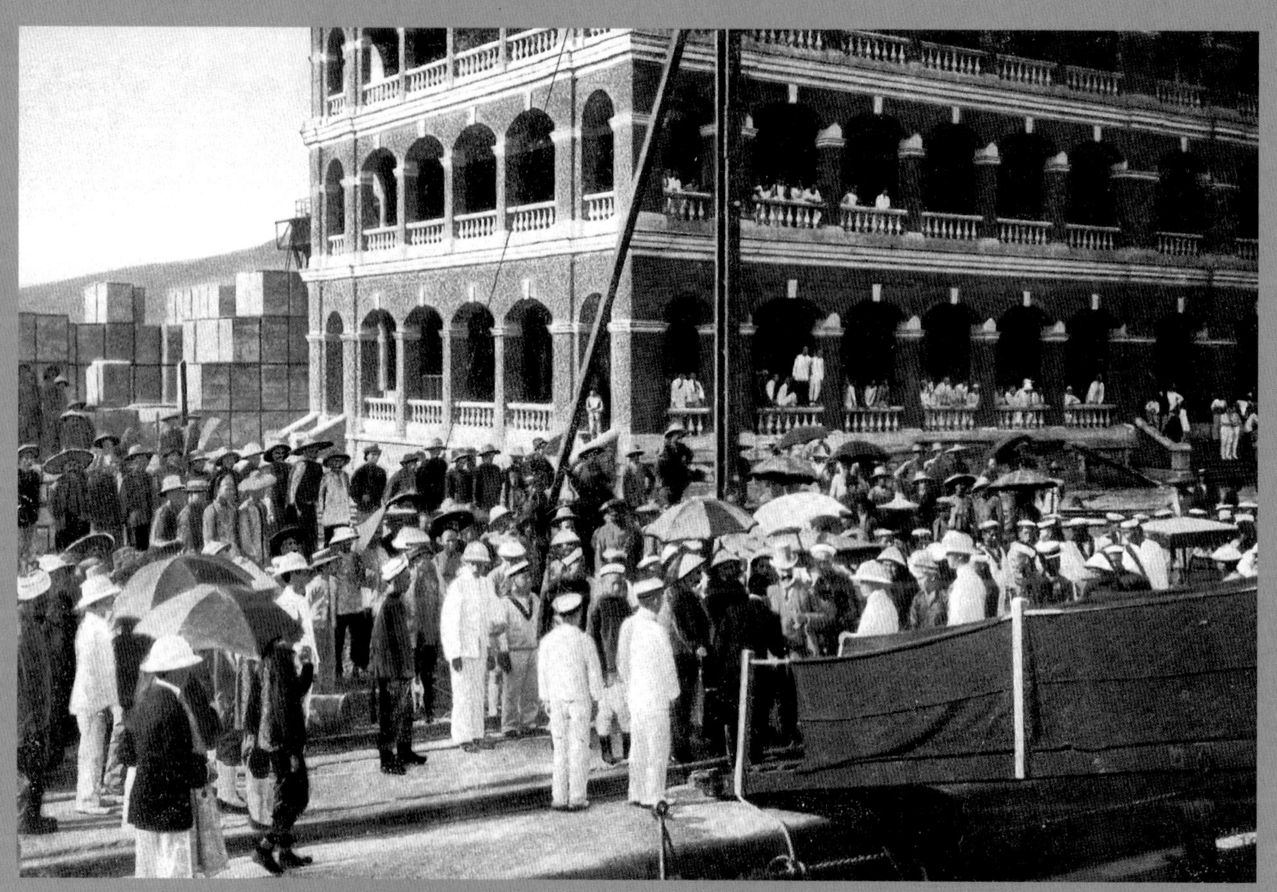

清宣統皇帝之父，作為攝政王的醇親王載灃，正訪問太古船塢，約 1910 年。

位於鰂魚涌的太古糖廠及漆廠，約 1930 年。這一帶現為太古坊所在。

約 1932 年的香港仔及右方的鴨脷洲。左方為黃埔船塢及成都道。船塢所在現為香港仔中心住宅屋苑。

紡織廠女工，約 1965 年。

1938 年，北平（京）、上海、天津及杭州相繼淪陷後，不少內地工廠遷至香港。

第二次世界大戰發生後，因英法商人大量採購，港製風燈暢銷。

日治時代，大部分工廠停頓或遭日當局接收。

和平後的 1947 年，因內地政局動盪，經濟不景，大量游資湧至香港，多間紗廠當年在港籌設，包括：大南、香港、偉綸及南洋等。

1948 年 3 月，當局飭令市區住宅開設的工廠，限期 6 月份前遷離。

1949 年 1 月 25 日，數間工廠發生工潮，分別為大南紗廠、南洋紗廠、九龍紗廠、偉綸紗廠及寶星紗廠。

1949 年，土瓜灣區仍有包括“香港火柴廠”等多間火柴廠，當時的火柴工人被形容為現代的“普羅米修斯”（西方神話中的偷火者）。

以下為 1950 年若干間工廠及其著名品牌產品：

- 全新織造廠：三個 5 、 77 、 505 及火車牌線衫；
- 震歐織造廠：蜆殼牌、雞仔嘜線衫；
- 國民漆廠：駱駝漆；
- 九豐搪瓷廠：金雞嘜搪瓷器皿；
- 新城公司：金鐘牌熱水瓶；
- 唯一冷熱水壺廠：以“一味靠滾、認真好膽”標榜，亦生產“Pion 哺兒安”嬰兒奶瓶，及“愛時凍”（Icetone）冷藏瓶。

一家紡織廠內景，約 1965 年。

約 1925 年的紅磡黃埔船塢。正中是大環山，右上方是中華電力發電廠，其上方是九龍灣啟德濱的屋宇。（圖片由吳貴龍先生提供）

約 1955 年的堅拿道西。左方可見位於霎西街一帶的南洋兄弟煙草公司。

第九章 新九龍地區

1899 年英國接管新界後，將連接"邊界"（1920 年代發展為界限街）包括深水埗、荔枝角、九龍塘、九龍城、牛頭角等部分原日"華界九龍"（新界）的地段，易名為"新九龍"。

1910 年代，當局全力發展深水埗，進行移山填海。原日的多條小村，如黃竹、庵由、鴨寮、塘尾、窩仔、元州等，發展為新街道。深水埗的範圍亦包括長沙灣區。

1925 年，深水埗警署落成。兩年後其旁之軍營落成，但英軍因水土不服仍駐於尖沙咀及油蔴地區。直到 1935 年，當局仍認為深水埗兵房為臨時性者，曾打算將該地段發展為住宅區。

九龍塘為一客籍人士所居的小村落，1922 年，着手興建富人所居之別墅洋房，炒風甚盛。1925 年省港大罷工，導致工程停頓，起至一半而中途停工者比比皆是，價格大跌。

1927 年，形勢改觀，已建成洋樓 100 多所，九龍塘又被稱為"花園城"。

1950 年代中的九龍塘區。

九龍城區的著名景點有九龍寨城及宋王臺。1924 年，商人曾兆榮在蒲崗村闢建曾富花園，內有曾富別墅、曾豐堂及五龍院，院內有真武大帝銅像。

1927 年 7 月 31 日，政府引用 1900 年收回公地則例，收回啟德營業公司之啟德濱地段，以興建啟德機場，於 1932 年落成。

1927 年九龍城蒲崗村的曾富花園，內有曾富別墅（右）、曾豐堂（中），以及藏有真武大帝銅像的五龍院（左）。左方的地段現為爵祿街所在。

約 1925 年的啟德機場（右）和正中的啟德濱屋宇。中上方為九龍寨城的白鶴山。

1931 年 3 月，九龍寨城各村的養豬人家，因倒餿水被警察干涉，在被視為鄉議局的樂善堂開會商討。

九龍寨城分有城內及城外，由打鼓嶺道可走進城門，城內有不少舊屋及石板窄街。二十世紀初移山填海的時候，九龍城至土瓜灣的海濱築有鐵軌，西式火車頭牽引着一串泥車，駛向海濱。

1936 年 10 月 18 日，新界南約理民府，限令九龍寨城居民遷徙，以闢一公眾花園。惟寨城屬中國者，居民代表楊偉雄，赴省城向兩廣外交視察員刁作謙請願。

約 1988 年的九龍城區，正中為九龍寨城，可見密麻麻、雜亂無章的屋樓。九龍寨城於 1993 年清拆，闢建成九龍寨城公園。左中部為東頭村道的美東邨。

龍寨城內的石板街道，約 1920 年。可見包括經營金器、
花油燭、布料、花轎儀仗等店舖。

日治時期，為擴建機場，大部分九龍城區的樓房被拆卸，包括九龍寨城等。宋王臺所在的聖山亦被夷平。

牛池灣被稱為"沙田頭"。1898 年，英軍數百人乘四艘小戰艦在此登陸。其鄰近之牛頭角村，於 1924 年由廈門淘化大同醬油廠在該地興建龐大廠房，所在現為淘大花園。

和平後，不少影片公司，包括長城等，在侯王廟道（聯合道）一帶，興建片場。

1948 年 1 月，港府兩度拆卸九龍寨城的民房，有十多人中槍受傷，南京的中國外交部向英方交涉。1 月 17 日，廣州羣眾示威抗議，焚毀英領事館，太古、怡和洋行亦被波及。

約 1915 年，九龍城及馬頭涌間的聖山。
左上方為宋王臺石，右中為牌坊，左中部是"禁採石碑"。

約 1949 年的啟德機場，可見多架中外飛機和水上飛機，停機坪附近有不少行人。
左上方為九龍山（飛鵝山），右方為牛頭角至官（觀）塘一帶。

1920 年代設於牛頭角的“淘化大同醬油廠”及前方的財利船廠，1964 年。所在現為淘大花園。（圖片由呂偉忠先生提供）

1947 年，港府禁止在新界以外地區種植西洋菜，受影響的包括分佈於牛池灣、打鼓嶺、黃大仙、石硤尾村、白田村及蘇屋村的西洋菜田共 270 多畝。

10 月 4 日，農戶向港督請願求復種。到了 1948 年西洋菜在石硤尾村一帶，大量復種。

1949 年 7 月 27 日，隸屬寶安縣的"九龍城居民聯合會"內部糾紛，問題牽涉煙賭娼妓。寶安縣曾令該會改選。

1950 年代，九龍寨城為聲名狼藉的"雞（娼妓）"、"鴉（鴉片）"、"狗（狗肉）"及賭檔和色情場所林立的"三不管"地帶。這地帶於 1993 年着手拆卸，闢建九龍寨城公園。

約 1950 年，《華僑日報》編製的九龍市區街道圖。上方可見界限街以北，由長沙灣至啟德機場原為新界的"新九龍"地段。地圖內仍有舊九龍寨城的城牆範圍，以及隔坑村、打鼓嶺、東頭等舊名。還有聖德勒撒醫院旁的梨雲道，因與"離魂"同音，於 1953 年易名為露明道。

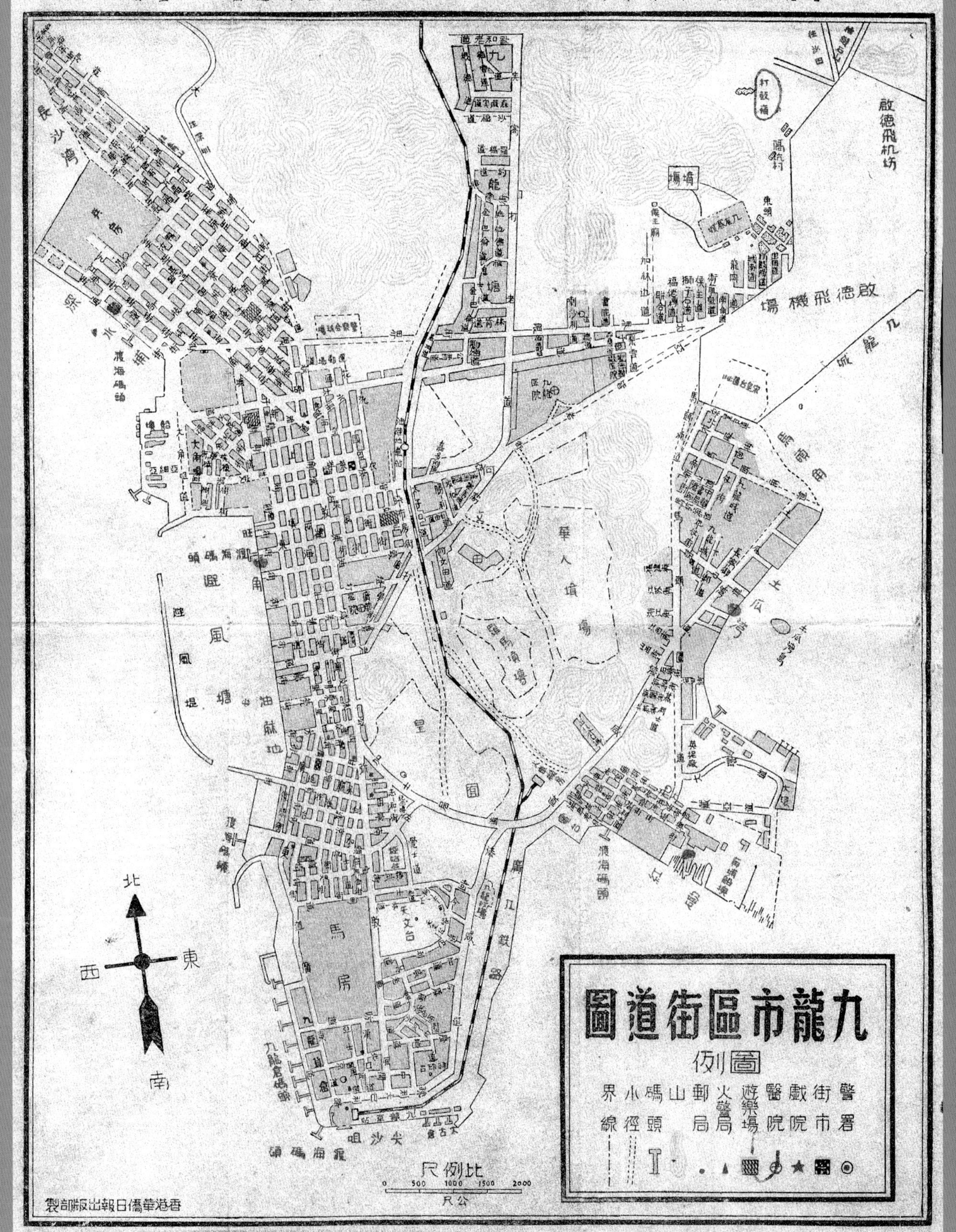

補遺：㈠自馬頭圍道北接至太子道之一段爲譚公道。㈡自太子道尾向東北直伸，貫飛機場而行爲西貢道。

第十章 新界演變

新界農村的婦女與小孩，約 1906 年。

1909 年，因雨量甚少，新界各約（分區）中，前灣（又名淺灣、全灣，即荃灣）之菠蘿收成不俗，每擔售約 2 元。汜嶺（又名分嶺，即粉嶺）之禾稻則完全失收。

1911 年，港督盧吉聲明以平（屏）山、拗（凹）頭、上水、沙頭角、大埔、沙田、荃灣等地之警局，兼辦理生死人口註冊之事。

1910 年代，往離島長洲遊覽之港人尚十分少，但不少教會人士在該處建屋以作避暑之地。

1919 年 8 月，規定居民不得在長洲南部居住的則例，是當局仿照非外籍人不得居於山頂之例而行。原意是欲使英美傳教人士在該處居住，以阻止長洲本土人士在該地發展。

1922 年 11 月 20 日，當局在荃灣、大澳、長洲警局，以及屏山田土廳內審理小額錢債案。

1917 年的大埔，漁民在曬鹹魚。

新界糧票

今收到照粮册內登載趙仁山名下應納一
千九百二十三年七月初一日起至一千九
百二十四年六月三十日止即中歷癸亥年
五月廿三日起至甲子年五月廿二日止之
粮銀 百 十 圓 5 毫 仙
特給回收單壹紙交執存據

Shroff.

壹千九百二十四年十月十五日給

Audit No. 23824

16 X 1924

Vol. 6.0

Page 187

Amount 50¢

1924 年繳交糧銀（稅）的糧票（稅單），稅銀為 5 毫。

被稱為"啞鈴島"的長洲，約 1948 年，泊滿漁船，島民聚居於"啞鈴"中部之狹長地段。

1925 年，當局決定在城門谷興建城門水塘，就收回村地令居民移居他處一事，用廣東話發表演說。部分居民遷往錦田。

1927 年 6 月 25 日，新界之元朗墟及上水一帶，市場頗旺，但未裝設電燈，中華電力亦未在該處供電。新界各處俱用火油（火水）燈。

1932 年 6 月，有線報說華界惠州之賊黨，欲械劫元朗墟，新界實施戒嚴。

12 月 5 日，農展會在上水石湖墟舉行。到了 1938 年 1 月 8 日及 9 日，在粉嶺舉行，由港督羅富國揭幕。

停泊於大埔墟火車站的列車，約 1930 年。

1930 年代的新界，抬着內置菩薩神像或名牌之“旌亭”，即所謂“抬亭”橫過田間的儀仗隊。

1938 年，港府積極建設新界，1937 年在荃灣建一街市，又在西貢築建一條闊 40 呎，可容兩車來往直通牛池灣的馬路。此外，在長洲海濱築一新堤岸，該地已有電燈、醫院，恍如一小城市。

除大澳外，1930 年代青山（屯門）亦有鹽田。

1939 年 2 月 28 日，羅湖被日機轟炸。英國政府指出"九龍"之定義是包括新界，並非單指尖沙咀至旺角。在 1898 年或租借之前，界限街以北之地段稱為"華界九龍"。

由 1938 年起，不少內地工廠遷至荃灣，使當地成為工業區，日益繁盛。東普陀是荃灣著名寺廟。

1930 年代，新界的主要幹道，除九廣鐵路外，還有青山道（青山公路）、大埔道（大埔公路）、元朗大馬路（青山公路元朗段）、凹頭至粉嶺大道、落馬洲大道、沙頭角公路、稅關路至清水灣大道（現為清水灣道一部分）。

位於沙田頭山下圍的曾大屋，1950 年代中。

1941 年 3 月 18 日，開發大嶼山及西貢，領地登記亦開始，凡本港居民均有領地資格。

淪陷期間，交通工具缺乏，市區與新界及離島居民的往來，幾乎陷於停頓。

1947 年 12 月 17 日，長洲居民協會總結一年來的自治工作。第四屆委員會已由長洲居民選出。一年後的太平清醮，有包山倒塌，傷四人。

同年，屯門鎮的港灣已形成知名的青山漁村，魚船紛集，尤以黃花魚汛時為最。

當地的"青山陶業公司"，為新界最大的工廠。著名的青山禪院、夫子廟，加上多座尼庵和富人的別墅，以及新落成的房屋，皆接待來此遊覽的市民。

1948 年 3 月 8 日，新界粉嶺聯和公司，着手建設聯和墟場，招承舖位。

而上水石湖墟，是新界大墟市之一，有巴士往來沙頭角、文錦渡、打鼓嶺等地，亦是內地出口走私穀米的集中地，當地也有兩座 1948 年落成的魚市場。

元朗是魚米之鄉，元朗墟是新界最大的墟市，盛產穀米、菜蔬、米酒和腐竹。亦有不少魚塘、農場和蠔田，養殖禽畜、魚蝦蟹以及生蠔。

1949 年 5 月，發生多宗襲警案後，港府發出槍械予新界各鄉，農場及殷戶可申領。

1949 年中，新界於夜間實施戒嚴，有六名男子觸犯戒嚴令，被判儆戒。

約 1950 年的青山（屯門）青山灣。

青山禪院對下處的牌坊，約 1950 年。1928 年港督金文泰曾登山參觀，牌坊“回頭是岸”之背面有其所題之“香海名山”。

由同樂街望元朗大馬路（青山公路），約 1960 年。右中部可見大棠道口“榮華大酒家茶樓”的招牌。
右方為往來佐敦道碼頭的 16 號巴士總站。

約 1960 年，一新界慶典儀式上之眾鄉紳，正中為時任理民府官鍾逸傑。

前言

香港為英國在遠東的主要軍港，設有多座軍營和船塢。1911年，香港需年繳軍費100萬元予英國政府，以當年港島房地產的總值亦只為1,100多萬元計，這筆軍費可算巨大。

1939年，戰雲密佈，當局在港九多處開掘防空壕（洞）及建避彈室，又鼓勵市民籌組自衛團或自衛隊。可是，和平後的1949年，為協助當局防衛，維護治安，由恒生銀號何善衡等發起，組織之"街坊自衛隊"，則被當局以警力足夠為由而否決。

1909年，香港九龍共有英、印及華籍警員1,178人，當中華警最多，但排名則最低。此外，還有100多名由華民政務司管轄，性質與警員相同的"四環更練"。惟於1950年代全被警察所取代。

1930年，警隊中有可供市民僱用的"特務警察"，多出現於紅、白二事的巡遊行列。女警則於1949年開始招募。

香港法庭一直沿用英式法律，但間中亦接受文武廟宣誓的結果而作判決，亦有枷號示眾的刑罰，此現象一直維持至約1920年。

1940年，港府實施移民法，居民及新來港者需領居留證或入境證，性質與後來的身份證相同，皆為開埠以來首創。

迄至戰後，市民往往因聚賭、阻街、無依貧民、無業遊民等罪狀而被判入獄、笞刑或遞解出境，大部分屬"莫須有"者。

香港大學於1912年開課，隨即取代皇仁書院成為香港最高的學府。當時其他著名院校還有聖保羅、庇理羅士、拔萃、聖士提反及英華等。

此外，亦有多間私校，以及文人宿儒設立的學塾。東華醫院亦設有多間供清貧子弟入讀的義學。

1937年，內地多處淪陷，包括嶺南大學等多間學院遷至香港上課，此現狀一直維持至1940年代末期。

二十世紀初，內地與香港已有頻繁的文化交流。1913年，上海商務印書館的教科書，已在香港發售。稍後商務印書館及中華書局，皆在香港開立分行及興建廠房。

1932年，作為文化中心，設有博物院、圖書館和劇院的大會堂被拆卸。俟後所有文化活動和展覽，皆假商場、戲院、畫室等地舉行。1939年起，大量文藝人士南下，舉辦展覽和講座等，1940年代後期，才陸續返回內地。

早期的交通工具有往來各線的渡輪，陸路交通則以人力車、馬車及轎子為主。二十世紀初加入有軌的交通工具如電車和火車等。不需路軌的"自由車"(汽車)出現後，逐漸成為主力。啟德機場於1932年啟用後，香港旋即成為遠東的民航中心。

由於交通方便，香港郵政事務亦發展迅速，但管制嚴苛，包括禁止私人運送信件。一些服務中港及海外的"寄信館"，最終亦被取締。

電話的發展一直緩慢。直到1925年由"香港電話有限公司"接辦，1930年線路接駁，由人手改為自動之後發展步伐才加快。不過，直至1950年代，電話荒仍嚴重。

推翻滿清後，香港有不少新報紙出版，但仍以老牌的《華字日報》及《循環日報》為主，稍後，有較大影響力的是1925年出版的《華僑日報》。英文報紙方面，《南華早報》則逐漸取代悠久之《德臣西報》及《孖剌報》的主導地位。

1931年，有13份報紙的新聞被香港電台選作廣播內容；1938年起，換入新出版的《星島日報》、《星島晚報》、《成報》及《大公報》等。

港九的電力分別由香港電燈及中華電力所供應。早期只為大部分的市中心服務，1910年代中起逐漸遍及各區。

水荒一直困擾港人。雖然有多座新水塘落成，市民仍要長期受制水之苦。1920年代最嚴重之時，市民需在設置於街頭之水櫃、水池，甚至泊於海旁之水艇取水應用，苦不堪言。

繼鼠疫之後，天花痘症是二十世紀初死亡率最高者。政府醫院及各慈善醫院皆免費為市民接種洋痘。華人慈善醫院有東華醫院、1911年開辦的廣華醫院及1929年的東華東院。

政府及各團體亦在各區開設多間醫院，九龍的首間是1915年設於深水埗醫局街者。

1937年，宏偉的瑪麗醫院落成，取代歷史悠久的國家醫院和山頂的維多利亞婦孺醫院，成為主要的公立醫院。

迄至1950年代的住宅，大部分為無水廁的唐樓，清糞工作於戰前以男工為主，和平後則改為女性。

慈善團體東華醫院收容了痲瘋病人及來自內地的大量難民。保良局、香港保護兒童會等則對無依婦女、婢女和兒童提供援助和保障。

早期的行業以經營白米、藥材及海味的南北行為巨擘，還有以赴外勞工為對象的"寫船位行"，及以"金山莊"為最多的各埠行莊。其行業之興盛一直維持至二十世紀中期。

經營西式飲食品的主要店舖為辦館，集中於中上環街市旁及尖沙咀市中心。附近亦有不少西餐廳和供應乳製品及雪糕的食肆。

華人集中之中西區和油蔴地一帶則有大量茶樓酒家，若干間仍在經營。

1919年因價格急漲而引起搶米風潮，上環之南北行街、三角碼頭及鹹魚欄一帶警衛森嚴。東華醫院在港九多處施粥以濟飢民。

因戰事迫近，港府於1941年推行"戰前糧食計劃"，管制米糧及多項食品的價格。和平後仍維持憑證配給的統制，直到1953年。

二十世紀，有不少改善生活質素的新生物品在香港出現，最顯著是早期稱為"升室"的升降機。1910年代的電風扇及1930年代的冷氣機，被形容為破天荒。而用人力"扯風扇"（拉拽懸於天花的帆布帳，使一室生涼）的職業，旋告消失。

電燈的普遍使用，逐漸取代火水燈（煤油燈）及"大光燈"（汽燈）。

衣著方面，西式的衣服鞋履於和平後慢慢取代中式的唐裝衫褲。同時，一些被冠以"原子"的塑料產品曾成為時尚的天之驕子，售價亦為"天價"。

為迎合市民消費，多間華洋百貨公司包括先施、永安、中國國貨、連卡佛及惠羅等相繼創設。工展會亦在先施公司舉辦，後來則移師至宏大的露天地段。

賽馬一直是上流社會人士的活動，每屆賽馬日，銀行亦提早休息以便"大班"們觀賞。不少華人亦熱衷，但多聚集於較簡陋的草棚看台。1918年馬場大火，罹難者以這一帶的華人最多。

由各機構以及馬會於1910年代起發售的馬票，因巨額彩金吸引，廣受歡迎，1950年代達至最高峰，中馬票頭獎為普羅市民的畢生夢想。

早期的體育運動有馬球、足球、游泳、競走等。由1906年起舉辦的渡海泳賽，中外人士均有參與，有大量泳灘、泳池、泳棚和泳屋設於港九新界。

1920年代的足球隊，多為英軍隊伍，傑出之華人球會為南華，其著名球員為李惠堂。

第十一章
防衛與警政

1910年，有一日本人外穿華人長衫，內穿西裝，無辮，擅入鯉魚門軍事禁地，繪畫炮壘及地形等圖像，被判入苦工監六星期。

1911年，香港每年需向英政府捐軍費100萬元。

1919年11月30日，英國派駐遠東之第六"潛水艦隊"抵港，有鵶路式"潛船（艇）"9艘，每艘約1,000噸。

約1912年的海軍船塢入口，前方是約於1970年易名為金鐘道的皇后大道東，這一帶現為"力寶中心"。

約 1910 年跑馬地的軍操，背景為摩理臣山及山上的馬禮遜教育學院。

1927 年，在深水埗新填地上興建，名為“漢口”及“南京”的英軍營落成。即於日治時期被用作囚禁戰俘的“香港俘虜收容所”。

1936 年 8 月 25 日，位於威靈頓軍營旁的海軍船塢（現金鐘道“力寶中心”一帶），為防奸細刺探內情，工人出入均須被查驗證件。

1939 年 1 月 13 日，防空總監談及本港防空計劃，指出政府將在各區開掘避彈壕（防空洞），亦打算將滙豐銀行及告羅士打行，用作避難所。

1940 年 7 月起，當局陸續在跑馬地、灣仔大佛山、中環、石塘咀及西環等地掘築防空壕（洞），又在修頓球場、卜公花園及彌敦道等處，共建 300 多間避彈室。

在干諾道中高等法院前，訪港的愛德華皇儲（Edward VIII）在檢閱英軍，1922 年 4 月 6 日。

在紅磡黃埔船塢，將離港的英軍，1928 年。這批英軍是於大罷工期間來港。

羅湖新圍軍營，1935 年。

1946年12月8日，港府宣佈包括機場、海軍船塢及軍事地帶在內的指定禁區，擅入者可被槍擊。迄至1950年代末，金鐘道兩旁有多塊書有"不准擅進，如敢故違，開槍射擊"的紅底白字警告牌。

1947年，消防局在各街頭恢復設置警鐘。遇到火警時，擊破警鐘箱之玻璃，將掣拉動，即可告知消防局。1960年代電話普及後，街頭警鐘才告消失。

1949年2月28日，為協助當局防衛工作，中區籌組"街坊自衛隊"，30家行號之負責人為發起人，包括：恒生銀號（行）何善衡、大來金舖鄧雨松、誠濟堂藥行龐兆麟、金輪表行潘錦溪及安樂園餐廳張吉盛等。

亦計劃派出更練，由中環華人行迄至上環東街止，巡值及站崗。但警方表示警力足夠，中環更練團不准設立。不過當時已有一上環更練團，手持鳥槍，在中上環交界的得雲茶樓起，至文咸西街南北行一帶止巡邏，一直維持至1970年代。

始於1844年的香港警察，早期只有英警和印警，稍後才增加華警，一般被稱為"差人"。

1909年，警隊中計有：英差132名、印差41名及華差511名。而新界則有不同國籍警差共124名。警隊當中亦有"查妓寨差"及"查酒差"，兩者是專門負責稅項的徵收者。

此外，還有"特別警察救傷隊員"和"警察後備隊"。還有約100名，由華民政務司管轄，執行類似警察職務的"四環更練"。

由威靈頓軍營（現為統一中心一帶）西望海軍船塢，1937 年 9 月颶風正吹近香港。正中為駐防香港的英艦添馬號。

由滙豐銀行東望香港木球會（現為遮打花園），及美利道旁的海軍船塢，約 1948 年。右方的美利操場現為長江中心所在。

被稱為"大頭綠衣"的華籍警員，約 1912 年。

在皇后大道中的一名華警，約 1905 年。左方“京元號”旁是嘉咸街，右方是威靈頓街口的五號警署和水車館（消防局）。

約 1910 年的英、印及華籍警員，攝於中央警署外。

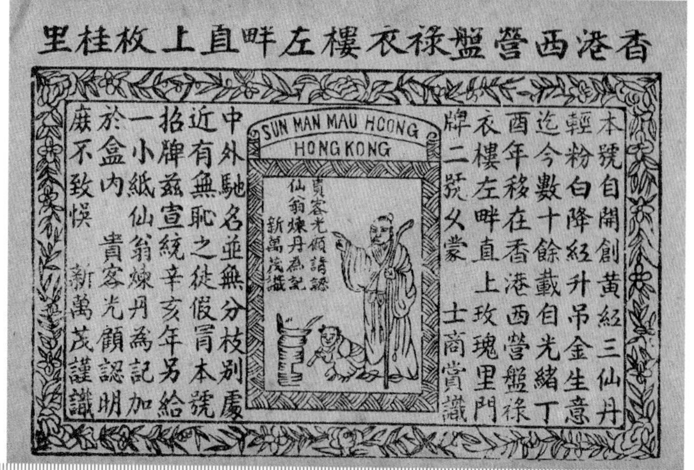

一間西營盤藥店的宣傳單張，約1910年。所提及的“祿（綠）衣樓”是指位於皇后大道西與薄扶林道間的警署。

早於1912年8月19日，長洲捕房（警署）被劫掠，擊斃印差三名，只有第四名逃脱。該捕房由一警弁看管，他聞賊人槍聲後，即攜自備之手槍，登上一屋宇之瓦頂，放槍多響遙擊賊匪，但落空。後來拘獲男女三人，審訊後無罪釋放。

1915年3月8日，粉嶺沙頭角附近，警差擊斃一老虎，但在過程中，一印差及一英差被虎撲斃，另一英差受重傷。

同年3月26日，港督梅軒利在中環捕房（中央警署）巡視（檢閱）警隊。

1919年，因劫案頻仍，南北行區及金銀號集中之皇后大道一帶，日夜均有武裝印警在各店前巡邏。

1922年，開始有“特別摩托車（電單車）警察”。

1925年，位於荔枝角道與欽州街間的深水埗警署落成。

1927年，有“工業維持會偵探”，偵查偽鈔案件。

同年9月30日，警察司為照顧約十歲的孤兒，晚上着其往警察學堂（警校）讀書，日間則在華人行及畢打行一帶，替穿西裝的中西人士擦鞋，使其自食其力。由政府出資製造木擦鞋箱及購買鞋刷及用具，並供應號衣一套。每日除伙食銀2毫外，其餘代為儲蓄，每日估計約收入2港元。

但此等小童不欲警員代收所得之款，故不願幹此等工作而盡行逃去，並在街上絕跡。

1915 年 3 月 8 日，在粉嶺被警擊斃的猛虎。可見多名英警。

約 1912 年的灣仔海旁東（莊士敦道，前方）及灣仔道（中）。兩組樹之間是二號警署。

位於干諾道中與雪廠街間的一座交通指揮亭和交通警察，約 1928 年。右方是聖佐治行，左方的皇后行現為文華東方酒店所在。

1929年，華民政務司署，着“四環更練”往各區查亂加租事件。同時，灣仔石水渠街更練館（現為聖雅各福群會所在），偵破該區之拐帶小童案。1935年，由更練辦理之案件共1,322案，小至行竊、大至謀殺者。亦有專查拐帶人口的特別更練。更練的值理為本港名流及定例局員（立法會議員），主席為港督。

1929年，警隊內已有被稱為“山東差”的魯警。

1930年2月17日，警察總督（總督察）登廣告，謂英、印及華警，市民均可僱用，稱為“特務（意指特別任務）警察”，收費如下：

英警，每名每六小時收港幣8元；

印警，每名每八小時收港幣5元；

華警，每名每八小時收港幣3元。

（當時普羅工人的月薪為港幣10至20元）

1936年8月，華民政務司署屬下之“四環更練”總人數共140人，內有幫辦5人、副幫辦6人、偵緝26人、穿制服之更練103人。各更練由晏杜路士幫辦管理。

1941年10月22日，特務警察隊發表第一號通告，委出警目51人。

日治時期，警察及便衣警探被名為“憲查”及“密偵”，到了1945年3月才改名為警察。

1946年4月22日，報導有葡警（葡萄牙籍警察）駕衝鋒車拘捕小販。10月17日，亦有葡警拳打腳踢，毆斃小販，導致羣情洶湧的新聞。

5月27日，恢復僱用警察的舊例，華警最廉，印警較貴，而英警則最貴。

11月16日，為增強華警偵探部組織，甄選特級探長。

在德己立街與威靈頓街交界巡邏的兩名印警，約 1925 年。

1926 年 1 月 1 日，德輔道中與畢打街交界，香港大酒店火警現場的軍警和消防員。

1947 年 4 月 2 日，警隊架構名稱，作出如下更改：

舊名稱	新名稱
香港警察總部	香港警務處
副警司	副處長
警察總幫辦	警務處督察長
幫辦	督察
咩喳	巡官
沙展	警長
偵緝幫辦	偵緝部督察

警務處處長為穆景陶（Duncan William MacIntosh，後譯作麥景陶）。

稍後，警務處曾易名為“警察司署”，警務處長亦曾易名為“警察司”。10 月 25 日，復用“警務處”的名稱。

當時的警務處設於干諾道中的東方行（所在後來曾為富麗華酒店）。

6 月 6 日，警方訓練“藤甲軍”（右手持警棍，左手持藤製盾牌），以防止暴動。

1949 年 3 月，招募 50 名女警，稍後出勤。

1950 年 2 月 4 日，華民政務司派出更練駐守啟德機場，負責偵查拐帶婦孺出入口。由 4 月 1 日起，改由警察負責。

同年 5 月，招考警察西樂員，即具優良樂器知識者為警員。

在干諾道中與域多利皇后街交界指揮交通的女警，約 1964 年。

第十二章

司法與法律

香港自開埠以來，一直沿用英式法律審案，但偶爾會接受往廟堂“斬雞頭，燒黃紙”的宣誓儀式而作出裁決。

1910 年，法庭審訊一宗竊磚案，原告及被告的供詞均強而有力。後商定往文武廟斬雞頭誓願，法官遂派洋警及華警各一，同往監視。再提訊時，華警指出被告於斬雞頭時，即自誓曰如所言不實，有若此雞而死。原告亦斬一雞頭，但無言語。最後被告願交回值 6 元多之磚予原告，而原告亦交回誓願之費用，案遂了結。

1912 年 1 月 22 日，新臬署（皇后像廣場旁之高等法院）竣工啟用，原高等法院位於皇后大道中現華人行所在。

1890 年代的荷李活道文武廟。右方門口有人的“公所”，是華人以“斬雞頭，燒黃紙”方式斷案之訟裁場所。

1913 年，一男子在皇后大道中 172 號先施公司前“打荷包”(偷錢包)，被 41 號四環更練所拘，官判入獄六個月及枷號示眾四小時。

1915 年 4 月 26 日，開始在 1914 年落成，位於亞畢諾道的新裁判署審理案件。

1918 年 2 月，灣仔機利臣街賊巢的匪徒拒捕，引致八死九傷一案開審。被告伍寧，被控於 1 月 22 日，在機利臣街 6 號，槍殺來此搜查被盜軍械的偵探幫辦奧沙利雲 (Mortimer O' Sullivan)、西探軒利奇勒 (Henry Goscombe Clarke)、華探鄺生等。伍寧於此宗槍戰案中脱罪，但被控涉及另一宗發生於油蔴地的謀殺案。

1923 年，華探在土瓜灣大街 238 號二樓，破獲偽造銅仙機關。

1927 年，“嫁妻放白鴿”(讓妻子與人結婚收取金錢，稍後潛逃) 的賤丈夫判監六星期，妻則無罪獲釋。

1929 年 9 月 21 日，有人登報宣告在臬署 (高等法院) 註冊結婚。

約 1908 年，在街頭上擔枷及扣上腳鐐的犯人，和看守的印警。

1918 年 1 月 22 日，灣仔機利臣街 6 號，警匪槍戰現場。

由寶靈街望彌敦道及京士柏，正中可見現為勞資審裁處的南九龍裁判署，約 1952 年。

1932 年 5 月 18 日，富家子鄭國有，為追求歌影星黎明暉，謀殺情敵馮德謙案開審，稍後鄭國有被判死刑。

12 月 20 日，紳商 230 多人，包括曹善允，請求赦免鄭氏死罪。1933 年 1 月 19 日，議政局（行政會議）接納第二次援禀，將死刑改為終身監禁。

位於第一代油蔴地警署（天后廟前）原址之九龍巡理府（裁判署），於 1924 年 4 月 14 日成立，因不敷應用，於 1934 年增建一木室為臨時法庭。1935 年，在普慶戲院旁之加士居道建一新法院，於 1936 年 4 月 14 日落成啟用，所在現為勞資審裁處。

1934 年 5 月 14 日，中華煤氣公司之西環煤氣鼓突然爆炸，引致附近的加倫台、晉成街、保德街及遇安台等街道上的十多座樓宇被焚，傷斃數十人。苦主入禀法庭索償，煤氣公司允賠償損失。

1940 年 11 月 29 日，立法局通過移民法，統制華人進出香港，發出四年期及十年期的居留證明書，收費分別為 2 元及 6 元，於 1941 年 1 月 14 日起實施。但居民認為若不離港則不需領證，故不急於辦理。移民法的實施為開埠以來首創。

新來港者則需申領入境證及居留證，而過程要經嚴格審查，亦須殷實商人擔保。同時，當局亦杜絕不良分子入境，以及將歹徒遞解出境。汪偽政府所發之護照不能入境。

1941 年 5 月 21 日，九龍城長安街成香茶居兩名夥計，因茶客欠一毫茶資，用私刑毆斃對方，被控誤殺罪入苦工監八個月。

1890 年代的皇后大道中。右方有大圓柱的是 1846 年遷至此的第二代高等法院，所在現為華人行。正中的香港大藥房現為興瑋大廈，左方為同於 1846 年落成的第一代香港會所。

位於油蔴地上海街與眾坊街交界的油蔴地警署，約 1915 年。1923 年改作裁判署。

5 月 29 日，醫務署信差李耀，隨地吐痰被控於法庭，罰款 5 元，為開埠首宗。

在打靶士（京士柏）下的九龍巡理府（南九龍裁判署），一匪趁飛機經過發出聲響的情況下，偷竊裁判司之法衣被捕。

12 月 3 日，居民紛紛準備離港，領入境證人數突增，因有入境證將來才可再度進入香港。12 月 8 日，九龍淪陷，申領入境證者更多。

日治時期，英國法律宣告無效，所有案件均由日軍的"軍律會議"（軍事法庭）審訊。

和平後的 1946 年 5 月 1 日，香港恢復民政，一切法律照舊。

1947 年 5 月 30 日，一名婦人多次犯盜竊罪，要連同出生兩個月的嬰兒入苦工監兩星期，刑滿遞解回廣州原籍。

1949 年 2 月 22 日，三名婦人在美輪街與鴨巴甸街間之公廁偷糞約 180 斤被捕。

4 月 9 日公佈，出殯巡遊行列須於事前六小時，嫁娶迎親行列則須於兩日前通知附近警署，並辦理申請手續。

1950 年 6 月 16 日，一名 11 歲男孩，被控 13 度出境潛回，以及行乞和阻街罪。因潛回 13 次被笞藤已近百。

另一男童因街頭聚賭及為"無依貧民"兩罪，被判笞 12 藤及遞解出境，但因他居港已四年及仍為學徒，因而免遞解。

戰後，"無依貧民"、"無業遊民"以及"遊蕩"均可入罪，市民可謂動輒得咎。

約 1948 年的高等法院。其前方設於皇后像廣場的兩列木結構屋宇，為多個官方及半官方部門的辦公點。

第十三章 教育與文化

1911 年，香港大學選出第一屆值理，當中包括港督及大部分政府官員、三軍司令，亦包括定例局員何啟、韋玉（寶珊）、摩地（Sir Hormusjee Naorojee Mody）、劉鑄伯等。香港大學於 1912 年開課。

1910 年代的著名學校，計有：庇理羅士女書院、九龍拔萃女書院、聖保羅書院、皇仁書院、育才書社、聖保羅男女書院、聖士提反女子中學、英華書院及漢文師範夜校等。

此外，還有東華醫院轄下的義學，包括由文武廟及油蔴地天后廟所設者，到了 1920 年共有 18 間。

1919 年港大醫學院開幕，港督史塔士（又譯司徒拔）主持儀式，佐敦醫生（G. P. Jordan）為醫學院主席。

1910 年代，有不少由文人宿儒開辦的私塾及學塾，多位於中上環的荷李活道、威靈頓街、卑利街及皇后大道西等。當中包括：中國研機書塾、俞仁甫館、聯愛書社、湘父學塾、伊耕學塾、子褒學校、槐廷學塾、陳氏家塾等。其中湘父學塾分有男女塾。

1919 年 6 月 6 日，歌賦街陶英學塾校長伍榮樞，被警司控告教唆學生九人，手持雨傘，用白漆油大書特書“國貨”二字，結隊聯行，有若出會。

學生亦被檢控，八名儆戒後省釋，為首者被罰 10 元。法官指出，香港係英屬，既在英國旗下受英國保護，豈容不守法律而輕舉妄動。

位於堅尼地道的第二代德國會所，1909 年。於第一次世界大戰後成為聖若瑟中學。

1920年代的學校包括：港僑學校、香港預科書院、青年會漢文日夜校、孔聖會高初兩等小學校、華人學校、鐘聲慈善社免費夜校、嶺南分校、鑰智中英文男女學校、英華男書院、佛教女子職業學校、南洋煙草公司義學等。

1930年3月26日，赤柱聖士提反學校新校舍開幕。該校於1903年，由何啟、韋玉、周少岐及曹善允等創立。

1933年起，港大設漢文系。

1935年香港仔兒童工藝院，由港督郝德傑揭幕。該院為當時全港最大的兒童教養機構，次為銅鑼灣的"兒童羈留所"（養正院），後者專為收容罪犯及無家可歸的兒童，位於法國醫院旁。

1937年末起，內地多處淪陷，多間學苑遷香港或澳門上課，當中包括：廣州金陵中學遷往羅便臣道51號、廣州白鶴洞真光中學遷往司徒拔道肇輝台、廣州公民學校遷往太白台。而廣州嶺南分校則遷往澳門二龍喉張家花園。

灣仔官立高級工業學校，於1937年開辦，但至1938年4月12日才補行開幕禮，由港督羅富國主持。

中上環區鳥瞰，約1920年。
中最龐大的建築是位於士丹
街與鴨巴甸街交界的皇仁書院

1938 年，香港大學擬與中國各地大學切實合作，藉以改善教育程度。

1939 年 9 月 8 日，嶺南大學公佈入學試取錄新生名單，共 86 名，當日在香港大學禮堂註冊。

9 月 15 日，嶺南大學畢業禮，在香港大學禮堂舉行，校長李應林博士頒授學位。

1940 年 3 月 10 日，影星鄺山笑創辦四所平民義學，位於中環、西環、灣仔及九龍，有 200 餘學額，當日開課。

4 月 20 日，第三街西端打鐵店林立，為免打鐵聲影響天主教神父主辦之聖類斯學校，打鐵店須他遷。

是日，港大女生數百名，在港各處賣花籌款，以救濟國內同胞。

香港大學的建築羣，約 1930 年，右方為熱帶病學館。可見一穿校服的女生。

4月24日，成立於1915年3月的聖保羅女校，舉行銀禧慶祝大典。

7月28日，教育司命令各校一律要設避難室，教員須盡看護學生責任。

於淪陷期間，薄扶林道香港大學之運動場，曾被市民用作墳場，當局於1946年4月，下令將遺體他遷。

11月22日，輔政司杜德提請立法局通過，贈送2萬元予廣州嶺南大學，以表揚及答謝該校在太平洋戰爭期間，協助香港學生入讀該校。

1948年4月5日，位於荷李活道與必列者士街的皇仁書院變成一廢墟，當局擬在摩理臣山一帶之曠地，供皇仁建一新校舍。該校舍於1950年10月在銅鑼灣高士威道建成。原堅尼地道之校舍則全供漢文中學上課。

10月5日，何東爵士捐資100萬，予港大建女生宿舍。

1949年8月3日，英文中學會考畢業試放榜，合格者共428人。

9月15日，在原救世軍操場，興建軒尼詩道官立學校。

10月10日，廣州珠海大學，在港的珠海書院招生。

1950年2月19日，位於深水埗桂林街61至65號的新亞書院（大學部）招生，設有多個學系，院長為錢穆。他為創辦新亞書院辭去所任“亞洲文商專科學校”的職務。

港督葛量洪夫人參觀剛落成的培道學校，1955 年。

1911 年，皇后大道中 176 號“水車館”（消防局）對面一書店之主人，因出售一本名為《十大害》之書，有“煽動人心在中國作亂”之內容，被控於法庭。

1913 年 2 月 26 日，德輔道中近中環街市之東方印務公司，與上海商務印書館訂立特約，批售該館之各種中西書籍及教科書。

同年 10 月 25 日，上海商務印書館香港支店開幕試業，位於荷李活道 82 號，即庇理羅士書院對面。1918 年，荷李活道之商務，推銷《大英百科全書》，並代理派克自來水（墨水）筆。

1924 年 2 月 11 日（正月初七人日），商務印書館由荷李活道遷至皇后大道中 37 號（現為余道生行所在），稍後，再遷往 35 號。而該館之印刷工廠在堅尼地城，承印股票及中國鈔票。稍後，在北角英皇道及糖水道與書局街交界建一龐大廠房。

1927 年 8 月，位於皇后大道中 69 號的中華書局開幕。1941 年 2 月，遷往同街 50 號剛落成的陸佑行。九龍支局位於彌敦道 600 號。

10 月，由滬商陳公哲編製，以英文字母組合代替數目字的電報符號書籍面世，每本售 10 元，商務印書館代售。

位於灣仔駱克道 262 號的私立徽遠學校，約 1958 年。

約 1915 年的皇后大道中。左方為大會堂前的噴水池。落成於 1870 年代的拱北行（當時稱為柏供行），商場樓下有古董、書籍店，亦有一間位於左方的美璋影樓。

由域多利皇后街東望德輔道中，約 1915 年。左方約 75 號的東方印務局，當時是代理上海商務印書館的刊物者。

3. Public Garden (a) 公園(一)

商務印書館印製一套 12 張的彩色香港明信片集，內有香港夜景、公園、中環海旁、長洲、水塘、纜車、灣仔新填地、山頂、皇后像廣場及歐戰紀念碑等景致。

1. Hongkong by Night 香港夜景

5. Hongkong Central, looking from Harbour 港口遠望

MA SHE KEE
西醫周
JEWELLERY.
那歷
女男
美髮室
LA MODE

約 1924 年的皇后大道中，“Sale” 布招前是昭隆街。人力車旁有 “承印” 招牌字處，是同年由荷李活道遷至位於皇后大道中 37 號的商務印書館。

約 1950 年的上亞厘畢道。右方的雅賓利道上端的雅賓利宿舍地段，曾被考慮在此興建博物院、演講室和大會堂。

1931 年 5 月，成立於 1901 年，以售賣文房四寶之紙筆墨硯馳名之集大莊，遷往（百步梯腳）皇后大道中 254 號。

1935 年 2 月，商務印書館紀念上海總廠，於“一二三事件”被日機炸毀三周年，提供折扣優待。

1936 年 5 月 4 日，遮打道烏利文洋行，舉辦英法名畫展覽。

1938 年 2 月 6 日，上海南下文藝界人士，在雪廠街王少陵畫室，舉行第一次茶話會。

同年 3 月，港府年前曾委任，由三人組成之“博物院研究委員會”，其所擬就之報告書呈交港府，有五項包括董事局、管理員、建築、地址及藏品的內容。

建議的博物院地址為二兵頭花園對上，雅賓利道之雅賓利宿舍舊址。所藏者為舊大會堂、立法局、利瑪竇堂藏品以及遮打爵士的珍藏。新博物院需建一可容 300 人的演講室。其相鄰處亦可建一新大會堂。

約 1935 年的皇后大道中。左方是昭隆街，旁是位於 35 號的商務印書館新館，右方是第一代華人行。

1939 年 5 月 9 日，郎靜山攝影展，在虎豹別墅舉行。

11 月 29 日，名畫師關蕙農辦義學，並開畫展，港督羅富國往參觀。

1940 年 4 月 25 日，香港大學中文學會舉辦林風眠畫展，賣畫所得用作賑濟中英兵災。

6 月 13 日，漫畫協會總會在堅道 13 號設立畫室，由葉淺予、張光宇、張正宇及郁風四人主持。曾在香港大酒店、中央戲院及中華中學舉行漫畫展覽。1941 年 1 月 12 日，漫畫協會香港分會，正式成立。

香港大會堂圖書館成立於 1870 年。1932 年大會堂因配合滙豐建新行而拆卸，只保留圖書館的部分。1941 年，圖書館因被用作後備警察總部而結束。1949 年覓地重建。

約 1925 年的美利操場（現為長江中心所在），及正中的木球會。左方是高等法院，以及博物院、戲院和圖書館所在的第一代大會堂。

1941 年 5 月 9 日，趙少昂畫苑美術科招生，苑址為軒尼詩道 387 號。5 月 23 日，鮑少游畫展在思豪酒店舉行。

9 月 12 日，馬思聰小提琴演奏會在半島酒店玫瑰廳舉行。

1946 年 11 月 24 日，趙少昂畫展在友邦行（現為新世界大廈所在）舉行，參觀者逾萬人。

1947 年，位於閣麟街 21 號的莫民心中醫師，提供“印字膠泥”服務，可立刻複製（印）文件數十張，報館及出版界多往光顧。

1950 年 2 月 28 日，曾居港的詩人戴望舒，在北京病逝。

莊士敦道與晏頓街交界，約 1948 年。右方可見一經營古玩、名瓷及文化物品的“博古堂”。

第十四章

交通、通訊與報刊

1910 年 10 月 1 日，九廣鐵路由尖沙咀至羅湖的英段通車。同年 12 月 5 日，由廣州大沙頭到仙村之中國段廣九鐵路通車。全段通車則要到 1911 年 8 月 17 日。

至於由廣州至九龍尖沙咀之直通車，則於 1911 年 10 月 4 日開行。乘客可憑票免費乘搭天星小輪。

1916 年 5 月 1 日，九廣鐵路尖沙咀車站落成，為全球最重要的車站，一待粵漢鐵路完成後，可由香港往中國北方以至歐洲。

1909 年，開辦由尖沙咀碼頭至紅磡的“公眾電機車”（巴士）。1910 年，往來港島堅拿道鵝頸橋，至跑馬地愉園遊樂場的巴士開辦，迄至 1918 年止，車費皆收一毫。

1910 年代，有不少提供汽車出租的“自由車公司”，但主要的交通工具為人力車。當時亦有不少馬車往來東區與石塘咀之間。自開埠初期，有不少登山的轎子，至纜車於 1888 年通車後逐漸被取代。

一列九廣鐵路英段的火車，約 1915 年。

一輛將停靠寶雲道車站的第二代登山電（纜）車，約 1930 年。可見"海拔 364 呎"的標示。

1930 年代的學童電車票。

1921 年起，經營港島公共載客汽車（巴士）的公司包括：香港仔街坊汽車公司、香港大酒店汽車公司、名園石塘咀公眾汽車公司及電車公司等。

至於九龍及新界的巴士亦於 1921 年起，分別由九龍汽車有限公司、啟德汽車有限公司、中華汽車有限公司及華美汽車公司等經營。

到了 1933 年，港島的巴士，除一條淺水灣綫路外，全由中華汽車有限公司經營。而九龍及新界的巴士則由九龍汽車（1933）有限公司所經營。

電車於 1904 年起在港島開辦。1912 年起由單層改為雙層，到了 1925 年，全改為現時所見的密封式車廂。曾提議電車在九龍行走，但被當局以巴士不需路軌較方便為由而否決。

海上交通方面，中環至尖沙咀的小輪航綫由天星小輪公司經辦。中上環至九龍各區及新界的航綫則由多家公司經營，包括：九龍四約街坊輪船公司、東安輪船公司及香港新界小輪公司等。1924 年起，大部分航綫改由“油蔴地小輪船有限公司”所經營。

此外亦有不少稱為“嘩啦嘩啦”的電船仔，往來維港兩岸，以及為“拋海”（碇泊於離岸浮泡的大洋船）之乘客及船員，提供服務。

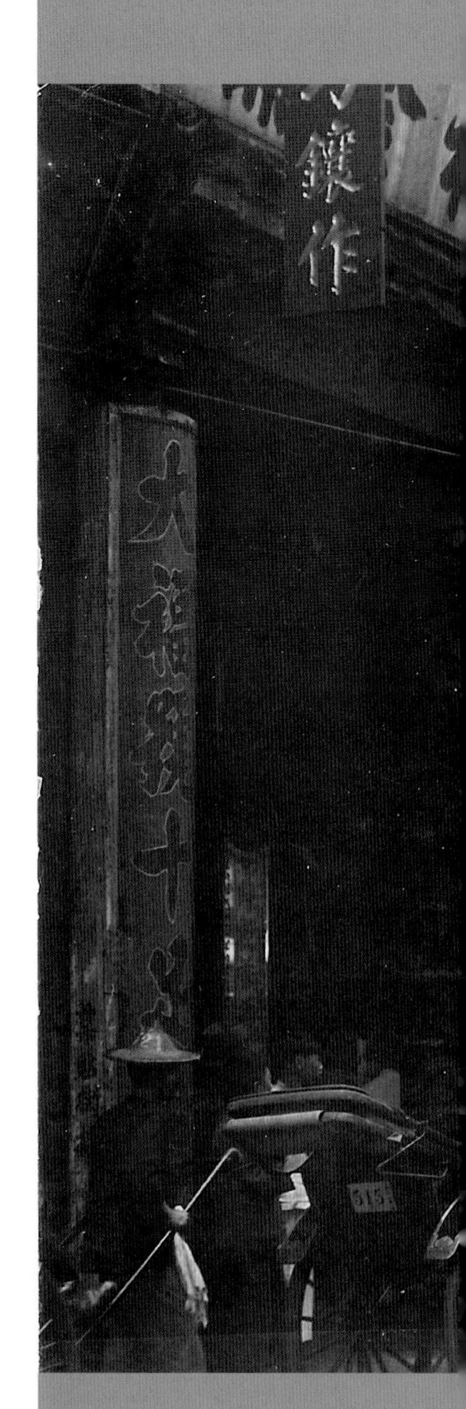

1931 年，由威靈頓街西望皇后大道中，可見一輛由西向東行，總站堅尼地城至大坑之大酒店的 5 號路綫巴士。

約 1930 年的干諾道中。正中為天星碼頭和一艘小輪。歐戰紀念碑的右方是港督梅軒利之銅像。

約 1930 年，德輔道中交易行樓下，連卡佛公司前的電車。
正中是郵政總局，右方是亞力山打行（重建後改名為歷山大廈）。

約 1933 年，尖沙咀天星碼頭前的巴士總站及有蓋人力車站（左），其前可見右方“九龍倉”的運貨電車路軌。該貨倉的一號橋（碼頭）正停泊一大洋船。巴士後方是當時的公眾碼頭。

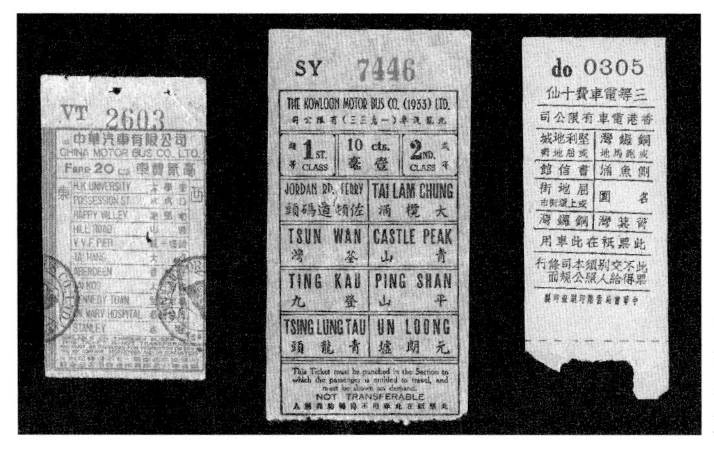

1930 年代中巴、九巴及電車公司的車票。電車票是由中華書局香港印刷廠印製。可見電車分有頭等及三等，九巴則分有頭等和二等。地名之名園後來為北角，書信館為畢打街郵政總局，青山為屯門，而登九即為汀九。

1910 年代起，有不少由跑馬地至九龍城啟德濱的飛機演放（飛行）表演。1928 年，政府將九龍灣新填地，以及部分已發展為啟德濱的樓房地段，闢建為民用的啟德機場，於 1932 年啟用。

1938 年，啟德機場已成為遠東的主要民航總站，每星期有 20 多班飛機升降。

淪陷期間，大部分交通工具被運往日本，剩下的亦因缺乏能源而停頓。在市面行走的以人力車、轎子及馬車為主。

人力車及轎子於和平後亦很普遍，還有一種載客三輪車，到 1948 年才被取締。

由於巴士缺乏，港九及新界皆有大量由軍車及貨車改裝的巴士行駛，迄至 1950 年代初。

九廣直通火車於 1949 年後期起停頓。貨運直通於 1950 年 6 月 13 日恢復，但不包括客運，華英兩段實行分段行車。

和平後，香港的空運事業發展迅速，啟德機場成為一重要的航空中心，以至當局計劃擴建新機場跑道，又曾計劃在元朗的深灣興建新機場。

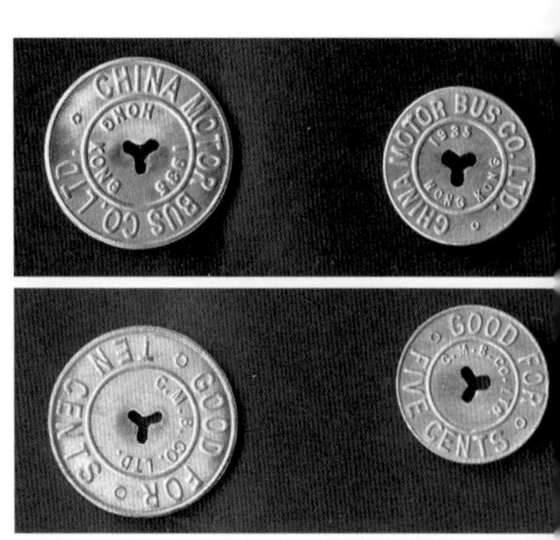

1935 年輔幣荒期間，中華汽車有限公司（中巴）所發出之 5 仙及 1 毫金屬代幣。（正面及背面）

一頂經過山頂道（後來易名為舊山頂道）與花園道交界的肩輿（轎子），約 1930 年。左方可見一郵筒。

約 1950 年，接近現在新蒲崗一帶的啟德機場。海面有三部水上飛機。左上方為黃埔船塢。（圖片由吳貴龍先生提供）

香港的電話由位於皇后大道中 2 號，與雪廠街交界的“中國及日本電氣德律風有限公司”所供應。

1915 年，德律風（電話）用戶有 1,700 家。到了 1925 年，電話服務改由以遮打爵士為首的“香港電話有限公司”接辦。1930 年 4 月，電話接駁由人手改為自動，同時電話服務伸延至香港仔。

淪陷時期電話的用戶竟然反常地增加，是較為特別的。

戰前，新界有電話 1,600 部，戰後的 1947 年底，只有 600 部，但仍未能接通。

1948 年，香港與廣州間的長途電話恢復。

1949 年，電話荒仍嚴重，黑市轉用，每具有高至 6,000 元者。亦有在舖與舖間的牆壁開一洞，方便共用電話。

1870 年代的皇后大道中，左方為雪廠街與炮台里間，落成於 1845 年的雪廠。右方為皇后大道中 2 號的第二代東藩滙理銀行，1881 年提供電話服務的“中國及日本電氣德律風有限公司”亦設於此。

Dr. to **HONG KONG TELEPHONE COMPANY, LIMITED.**
(INCORPORATED IN HONG KONG)
香港電話有限公司發單

T. S. PUGH, O. B. E., Managing Director
Telephone No. 26601
Telephone House (4th Floor) Des Voeux Road, Central Hong Kong

Bill No..................

KWAN SHING CHI
64 HIGH ST. 1ST FL.
HONG KONG 33740

To Rural Exchange Calls from your Telephone during the month of
JAN 1951 $..........¢ 30
$..........¢..........
$..........¢..........
$..........¢..........
$..........¢..........
$..........¢..........
$..........¢..........
Total $ 30¢

This account is payable Immediately at the Company's Office, Telephone House
此數請即交至電話大廈本公司辦事處

FORM NO. 46R T.C.W. 2-51

PLEASE PRODUCE THIS FORM INTACT AT TIME OF PAYMENT 交款時請携同此單
For HONG KONG TELEPHONE Co., Ltd.
PAID CHIEF ACCOUNTANT
Secretary
21-APR51 17772 R • • D — 7 $ 0.30

電話公司發單，1951 年。所繳之 30 仙是打電話往新界的收費。

由雪廠街西望德輔道中，約 1948 年。左方為國民銀行及東亞銀行。由前數起第三輛電車的左旁，是電話公司及機樓所在的“交易行”，稍後改名為連卡佛大廈。

二十世紀初，仍採用盛行於中國內地及香港的"巡城馬"來傳遞書信，約 1910 年。英國製手繪明信片。

1915 年 7 月，政府頒行郵政局新例，凡帶書信出入口者，一經被捕解案，可罰款 500 元或監禁一年。

此例是因 1914 年開始歐洲戰事（第一次世界大戰），而防止通敵者（往昔是取締與郵政局爭利之"巡城馬"）。當時不只巡城馬之開口信被禁，連由鄉間來港受僱，或往外埠工作之介紹信或薦紙亦遭禁止，紳商亦認為過苛。

1922 年 3 月 1 日，海員罷工。政府由是日起，派六位太平紳士檢查郵政，派西人檢查電報。

1923 年 5 月，郵政司連些路通告，當有歐美郵船抵港時，在山頂鳴炮，表示郵件已卸下。一小時後收信者可到郵局領取。

1924 年 9 月 4 日，由香港及上海寄出，經西伯利亞鐵路運往歐洲的郵件，因江浙戰事而暫停，郵件改由郵輪經海路運往。

香港有不少寄信局或寄信館，於十九世紀後期運作，向政府註冊，接遞中國及外地往來書信，要貼足郵票，而寄信局需另外收費。

寄信局或寄信館的作用，是到各店號或銀號收取信件，裝入包裹，貼上郵票，隨即交下省港船寄出，較之直接由郵局寄遞者為快。寄信局向銀號等收取較高費用，故可獲利。

但郵局於 1926 年禁止用包裹裝入信件寄發，寄信局的作用即告消失，逐漸結業。

1929 年 9 月 6 日起，航空郵運開始。辦法為將郵件用船運往新加坡，連同新加坡之郵件用船運往印度之喀拉蚩（卡拉奇），然後由印度用飛機運往歐洲及英國。

落成於 1915 年，位於窩打老道與上海街交界的油蔴地郵政分局，約 1958 年。（圖片由吳貴龍先生提供）

1936 年 3 月 6 日起，泛美航空公司接運本港寄往舊金山（三藩市）、檀香山（夏威夷）、關島及馬尼拉等地之郵件。

1939 年 9 月 5 日起，執行戰時法令，郵政檢查司對往來書信實行檢查。到了 1940 年 1 月 21 日，港府頒佈禁止擅運刊物文件法令，一切須由郵局代運，藉此防止傳播不利本港的消息。

1941 年 3 月 13 日，五間商店委託人帶信出口，每封罰 500 元。

1946 年，郵局在佛山號、廣東及西安號等省港船上設一郵箱，供投寄已貼郵票，由港寄內地，及由內地寄港之信件和印刷品，船抵岸時，郵局立即收件派送。

1948 年，託人帶信離港違反郵例，17 間商店被控，雖已貼郵票亦犯法。有人因帶信出口，在上環西江碼頭被捕。

英皇喬治五世及六世時期的通用郵票（上）及紀念郵票。紀念郵票由右至左依次為： 1935 年登位銀禧、1941 年開埠百年，以及 1945 年和平紀念。

1950 年的干諾道中。左方是太古洋行及國泰航空公司辦公樓，其右鄰是警察總局的東方行。
再隔鄰是大東電報局及香港電台所在，於同年落成的水星大厦。

MOUTRIE'S

The China Mail.

ESTABLISHED 1845

BUSINESS NOTICES

ARRIVED

SEPTEMBER RECORDS.

S. MOUTRIE & Co., Ltd.

DRAGON MOTOR CAR CO., LTD.

Open and Closed

CARS FOR HIRE

in Hongkong and Kowloon.

TO-DAY'S CABLES.

BUSINESS NOTICES

HENRY HEATH

and

"RITZ"

FELT HATS

Are distinctive in Style and Quality.

MACKINTOSH

& CO., LTD.

Men's Wear Specialists.

16, Des Voeux Road. Telephone 29.

HAVE ALL YOUR PRESCRIPTIONS DISPENSED QUICKLY AND ACCURATELY

THE PHARMACY

1921 年的《德臣西報》(《中國郵報》)。

辛亥革命成功後，不少有關新中國的報紙在港出版，第一份是 1911 年 11 月 11 日，社址位於永樂街 145 號的《香港新漢日報》。

同年 12 月 30 日，一份以報導中國內容為主的《華人英字報》出版。主辦人朱伯沅稱，用英文出版的華人報章，此為首創。當時的英文報紙有《德臣西報》(《中國郵報》)、《士蔑西報》、《孖剌西報》(*Daily Press*)，以及 1903 年創辦的《南華早報》。

1913 年 6 月 11 日，社址位於永樂東街 45 號的《中華日報》出版。1915 年有《小說晚報》及《香港現象日報》。

1915 年，剛創辦的《香港時報》因論說措辭激烈，總編輯被捕。同時，一份《實報》的督印人，被控蠱人視聽，煽亂中國大局，被判入獄半年。

當時，歷史最悠久的華文報章為位於德輔道中 10 號 A 的《中外新報》、威靈頓街 5 號的《華字日報》，以及歌賦街 49 至 51 號的《循環日報》。當時每份售港幣 3 仙。

1910 年代，大部分報章的代理為梁國英報房和藥局。

1918 年，《致中報》及《華商總會報》出版，後者於 1925 年轉變為《華僑日報》，但在 1922 年，已有一份編輯處設於德輔道西 168 號的《華僑日報》。

中華民國廿陸年拾貳月廿捌日 星期二 華僑日報 夏曆丁丑年拾壹月廿陸日 第壹張第壹頁

華僑日報

中央戲院

即日兩部巨片同場放映

每日五場 早十二點半 其餘四場仍舊

大觀聲片有限公司出品

導演 趙樹燊

全部粵語對白歌舞悲歡離合曲折動人倫理巨片

李滌煩編劇

重造天倫

歌舞明星 羅慕蘭

新進明星 杜宇

周志誠 黃壽年 李幽慈 盧敦 楊君俠

曾陶桃艷 劉桂康 羅大鈿 胡光喬

重十二明星合演傑作

悲歡離合是重造天倫的骨幹

警惕人心是重造天倫的使命

作客他鄉，一別成永別！

鐵鞋踏破，母女慶團圓！

肉腿如林 銷魂無限 幾許溫柔

每場加映最新運到戰事新聞

羅店戰役

羅店之戰，粵桂健兒大顯身手，敵軍最精銳之久留米師團全被殲滅，此片對於羅店及羅藻濱之戰有詳細的描寫，戰爭空前劇烈，敵人陸軍步兵被我俘虜者初次在片中出現，

羅慕蘭在片中分飾三個不同角色，同時出現，表演極出神入化！

新世界戲院

飛機運到十萬火急明天起映

又一抗戰聲片 最新前綫戰蹟

首都新聞影片社出品

抗日血戰史

血肉築長城 抗戰到底！

最新戰績

江陰炮台血戰經過

我空軍轟沉敵淺水魚雷艇

無錫血戰我軍殲敵數千人

我神勇大刀隊肉搏常州

我大隊空軍轟炸敵陣情形

飛天英雄劉粹剛擊落敵機

空中血戰我空軍大展神威

最近消息

保衛大南京空前血戰

紫金山之浴血苦戰

雨花台上我高射炮擊落敵機

中華門外短兵肉搏

近郊之空戰空中炮克敵

敵軍衝入光華門之巷戰

城郊外之肉搏壯烈犧牲

毒玫瑰

功效偉大

又一證明

楊調身先生之公子

勒吐精代乳粉乃建立嬰兒康健基礎之重要元素

試用券

(一)茲奉上郵票十五分請寄勒吐精粉樣一罐育嬰指南一冊匙一支

(二)郵票八十分請寄勒吐精粉辦二罐奶樽全套指南一冊匙一支此致

雀巢奶品公司 德輔道中五號中天行

勒吐精粉 育嬰妙品

替代人乳 敢誇獨一

1937 年 12 月 28 日的《華僑日報》。

灣仔莊士敦道與菲林明道（左）交界的小販，背後為梁國英藥局。約 1935 年。

1922 年，香港報界公社成立。

1924 年，一份售港幣 2 仙的《香港小報》出版。

1925 年 2 月，香港共有華文報章 9 份，包括：《循環日報》、《華字日報》、《香港華商總會報》（同年轉為《華僑日報》）、《大光報》、《香江晨報》、《香江晚報》、《香港時報》、《香港小報》及《中國新聞報》。

當時，梁國英藥局代理省港滬各報，而港澳的捷聲藥局則派送省港報章。

1929 年 9 月 19 日，有一"新聞記者俱樂部"設於上環善慶街 9 號 3 樓。

1931 年 2 月，中文報章共有 13 份，包括：《循環日報》、《華字日報》、《華僑日報》、《工商日報》、《大光報》、《大同報》、《超然報》、《南中報》、《工商晚報》、《南強報》、《中華報》、《中和日報》及《南華報》。

上述 13 份報章亦被送往香港播音電台，作新聞轉播。

1936 年 8 月 27 日，羅文錦力爭撤銷由 1925 年起實施的華報檢查，但被否決。三天後港府俯順輿情，將華報檢查則例修改。

1937 年，報章增加了《東方報》、《珠江報》、《港報》、《香港朝報》、《循環晚報》，但《大同報》及《中和日報》則消失。由 1938 年起，逐漸增加《天演日報》、《成報》、《星島日報》、《新晚報》及《大公報》。

由利源西街東望德輔道中，約 1935 年。左方為工商日報社（所在現為永隆銀行），
其背後可見“廣東電車有限公司”及“南方汽車公司”的招牌。

週末報

彭德懷將軍

116

1951 年 8 月 11 日的《香港週末報》，售人民幣 1,500 元（後來縮小為人民幣 0.15 元）。

1940 年 8 月 11 日，《孖剌西報》突接恐嚇信，警告不得再登反日文章。10 月 9 日，政治部警探搜查《香港日報》及《朝日新聞》辦事處。

1941 年出版的報刊有《華商報晚刊》、《星島晨報》、《星島兒童週刊》。

同年 12 月 9 日，因戰時環境，日報改出一大張，晨報停刊，晚報照出版，有重要新聞時出第二次版。

同年 6 月 9 日，港府命令《國民日報》停版一月。

1947 年，《星島日報》有漫畫版。1948 年，開始有“兒童樂園”版。

1948 年，《大公報》復刊，《文匯報》在港出版。

同年 9 月 1 日為記者節，各報分別集會誌慶。

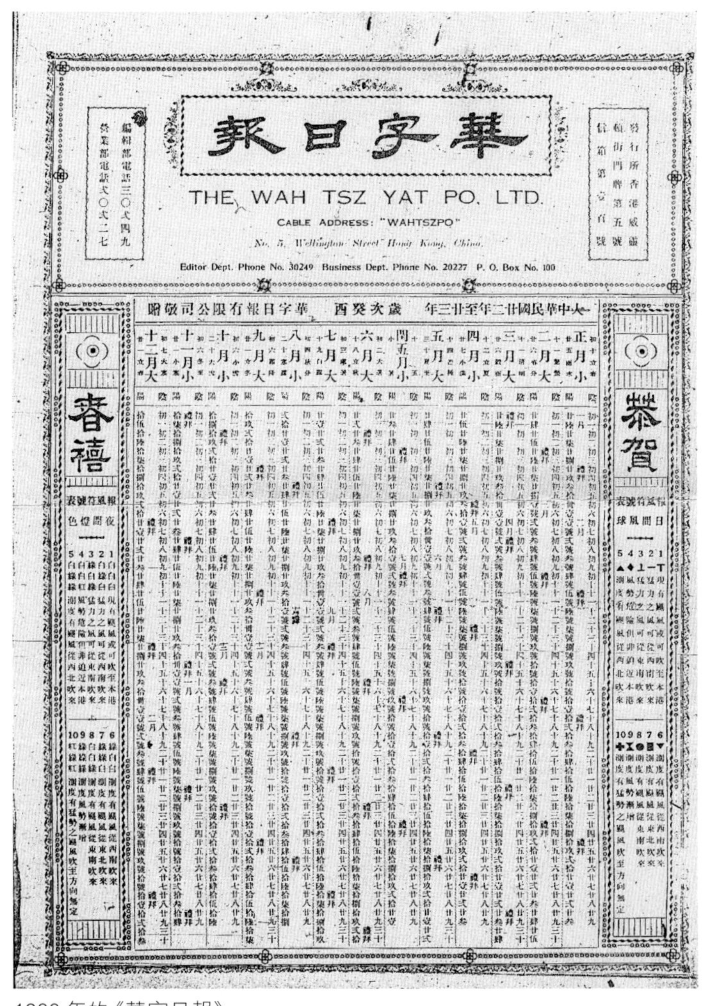
華字日報

THE WAH TSZ YAT PO. LTD.

CABLE ADDRESS: "WAHTSZPO"

No. 5, Wellington Street Hong Kong, China.

Editor Dept. Phone No. 30249 Business Dept. Phone No. 20227 P. O. Box No. 100

發行所香港威靈頓街門牌第五號 信箱第壹百號

編輯部電話三〇式四九 營業部電話式〇式二七

華字日報有限公司敬贈

歲次癸酉

恭賀

春禧

1933 年的《華字日報》。

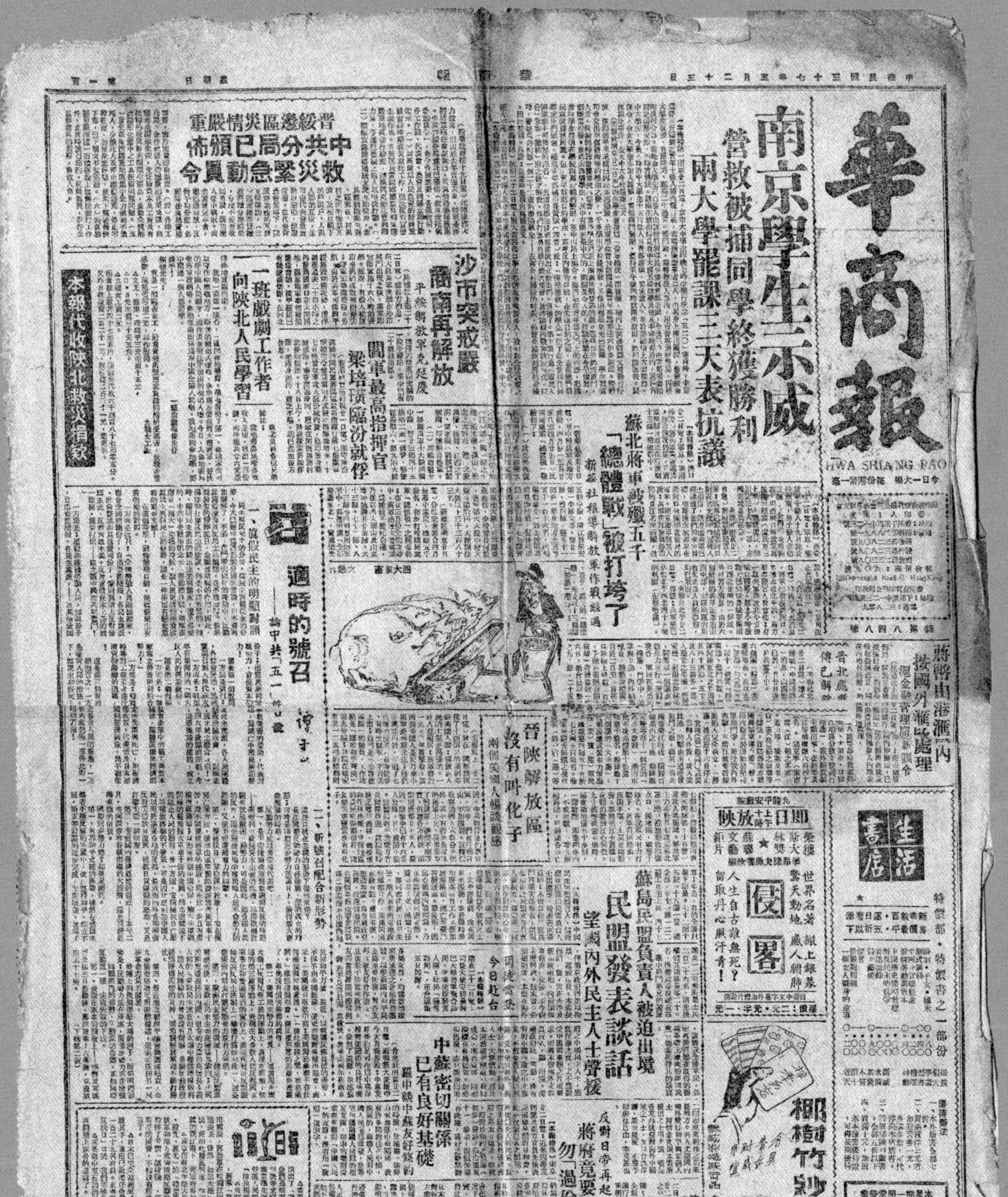

華商報

HWA SHANG PAO

南京學生示威
營救被捕同學終獲勝利
兩大學罷課三天表抗議

晉綏邊區災情嚴重
中共分局已頒佈
救災緊急動員令

本報代收陝北救災捐款

沙市突戒嚴
商南再解放

一班戲劇工作者
向陝北人民學習

閻軍最高指揮官
梁培璜臨汾就俘

蘇北蔣軍被殲五千
「總體戰」被打垮了

適時的號召
——論中共「五一」節口號

晉陝解放區
沒有叫化子

蘇島民盟負責人被迫出境
民盟發表談話
望國內外民主人士聲援

中蘇密切關係
已有良好基礎

反對日帝再起聲中
將府竟要人民
勿「過份衝動」

生活書店

椰樹竹紗紡

認真實際
襟江酒家原桌菜

1948 年的《華商報》，右下方為“生活書店”的廣告。

第十五章 電燈與水務

二十世紀初，港島的電力是由發電廠設於灣仔，現日街、月街、星街及電氣街一帶的香港電燈有限公司供應。

九龍則由位於鶴園的中華電力有限公司供應。該公司於 1901 年在廣州營業，1903 年在九龍設廠供電，稍後將廣州公司讓予華人。

1913 年，電力供應至筲箕灣。1919 年，七姊妹（北角）現為城市花園屋苑所在的新發電廠落成，但由於新發電機尚未運到，要到 1922 年才能運作。

昃臣道西望德輔道中，約 1902 年。左方搭有棚架的是大會堂，右鄰是滙豐銀行。
時尚未有電車軌，但可見電燈桿及設於馬路中的電路燈。

約 1920 年的灣仔海旁東（軒尼詩道與莊士敦道）。正中可見位於日街、月街、星街與電氣街間的香港電燈公司發電廠的煙囪。

由雪廠街西望皇后大道中，約 1928 年。左方位於 2 號的建築已由"德律風公司"轉為香港電燈公司，其右鄰是位於 4 號的中國銀行。

位於德輔道（現漆咸道）近現在的公主道，中華電力公司的第一代發電廠，約 1905 年。其背後一列唐樓所在為街市街（現為蕪湖街）。

Acct. No. 79/25143

DEPOSIT RECEIPT

THE HONGKONG ELECTRIC CO., LTD.

No. D 01171

WARNING — **THIS DEPOSIT IS NOT TRANSFERABLE AND WILL NOT BE REFUNDED EXCEPT TO THE ORIGINAL DEPOSITOR.** THIS DEPOSIT RECEIPT SHOULD NOT BE ACCEPTED AS A CASH VOUCHER AS THE DEPOSIT MAY AT ANY TIME BE UTILISED BY THE COMPANY FOR PAYMENT OF OUTSTANDING ACCOUNTS. THIS DEPOSIT WILL ONLY BE REFUNDED UPON THE PRODUCTION OF THIS RECEIPT AND UPON THE SIGNATURE OF THE DEPOSITOR WHICH WILL BE COMPARED WITH THE SPECIMEN SIGNATURE IN THE DEPOSIT RECORD.

THE CONSUMER AGREES TO PAY A SERVICE FEE OF $2 TO THE COMPANY IF THE SUPPLY IS DISCONTINUED BEFORE THE EXPIRY OF ONE YEAR.

THIS DEPOSIT IS BASED ON A PERIOD CREDIT. IF AT THE DATE OF ISSUE OF ANY ACCOUNT THE PREVIOUS MONTH'S ACCOUNT IS OUTSTANDING A DISCONNECTION WARNING WILL BE ISSUED.

Date, 22 Jun. 1946

ENTERED

CHECKED

STAMP

AMOUNT OF DEPOSIT The sum of [illegible] and [illegible] cts

IT IS AGREED that this sum is to be held by The Hongkong Electric Co., Ltd., as security for the price of electric current which they may supply or have supplied to

Lau Ying

23, Pokfulam Road 2nd floor

or for any balance of account which may be due to them now or hereafter, and the Company is authorised to deduct therefrom any sum due to them in respect thereof whenever they may deem it necessary.

For THE HONGKONG ELECTRIC CO., LTD.
GIBB LIVINGSTON & CO., LTD.
AGENTS.

No. D 01171

RECEIVED DEPOSIT
For THE HONGKONG ELECTRIC CO., LTD.
AGENTS.

香港電燈公司的按金單，和平後的 1946 年。當時其代理為“咇（Gibb）行”（仁記洋行）。

1910年代初的水池（水塘），計有大潭池、大潭副池、大潭新池（大潭篤水塘）、薄扶林池、黃泥涌池及九龍半島新池（九龍水塘）。

可是，當時仍不時制水，當局提供三艘水艇，灣泊海旁，供缺水人家汲用，灣泊地點分別為東邊街海旁、永樂街海旁，以及永和街與干諾道中交界船政廳碼頭之東邊。

1916年10月，因用水超額，政府將港島之屋喉割斷，令居民在街上取水，九龍一帶早已實行。

1927年8月27日，除了尖沙咀及油蔴地區彌敦道之洋樓有入屋旁喉外，其餘位於九龍區所有屋宇，均需在路中之街喉取水，每街只有水喉三四條，居民深感不便。住客紛紛申請裝設入屋水喉和水錶，因新築城門水塘，較易申請。

1928年8月4日，定例局（立法會）討論建造香港仔水塘，大成紙廠水塘將變為香港仔水塘一部分。

1929年8月21日制水期間，工務局及東華醫院曾共建有鐵水櫃及磚水池多座，有數座設於干諾道中。水荒解決後才拆除。

1930年，香港又經歷水荒，政府建築海底水喉，以便由九龍運水至港島。

1932年，英理藩院（殖民地部）批准城門水塘第二期工程。1935年3月1日，當局安排記者參觀位於深水埗、荔枝角、荃灣與沙田之間山中城門谷的城門水塘建築工程。該水塘為英國殖民地之中數一數二的偉大建築，於1937年1月30日正式供水。

1918 年 2 月 2 日，大潭篤水塘築成，港督梅軒利在工務局漆咸（William Chatham，漆咸道以他命名）陪同下，放置紀念石誌慶。

大潭篤水塘，約 1948 年。

1929 年制水期間，在干諾道中輪水的人羣。前方可見稱為“街喉”的水龍頭。

1928 年水荒期間，在上環一街頭儲水池取水的人羣。

約 1880 年的香港植物公園（兵頭花園）。
左方現仍存在的亭子的右邊，為花園中心點的水景（噴水池），背後是港督府。

為配合城門水塘供水至港島山頂的供水系統，兵頭花園以噴水池為中心的部分，於 1932 至 1933 年間大幅改動，圖片為工程完成後的新貌，約攝於 1935 年。噴水池一帶的底部為一配水庫。

1938 年，港島的水塘包括：大潭水塘、大潭中塘、大潭小塘、大潭篤水塘、黃泥涌水塘、薄扶林水塘、香港仔上塘及香港仔下塘。

九龍的水塘包括：九龍大水塘、九龍小水塘、石梨貝水塘、銀禧水塘及城門水塘。

淪陷時期，半山及山頂區域供水幾全停頓。

和平後，香港又經歷水荒，不少人鑿井取水，但須向當局申請，要將井水化驗，始准飲用。

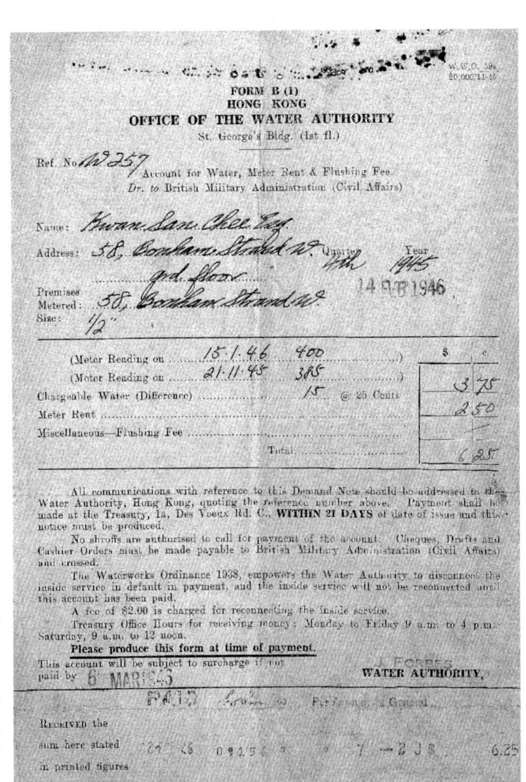

W.W.O. 59a
20,000/11-45

FORM B (1)
HONG KONG
OFFICE OF THE WATER AUTHORITY
St. George's Bldg. (1st fl.)

Ref. No. W257 Account for Water, Meter Rent & Flushing Fee.
Dr. to British Military Administration (Civil Affairs)

Name: Kwan San Chee Esq.
Address: 58, Bonham Strand W. 3rd floor — Quarter: 4th — Year: 1945
14 FEB 1946
Premises Metered: 58, Bonham Strand W.
Size: 1/2"

	$	c.
(Meter Reading on 15.1.46 400)		
(Meter Reading on 21.11.45 385)		
Chargeable Water (Difference) 15 @ 25 Cents	3	75
Meter Rent	2	50
Miscellaneous—Flushing Fee		—
Total	6	25

All communications with reference to this Demand Note should be addressed to the Water Authority, Hong Kong, quoting the reference number above. Payment shall be made at the Treasury, 1a, Des Voeux Rd. C., **WITHIN 21 DAYS** of date of issue and this notice must be produced.

No shroffs are authorised to call for payment of the account. Cheques, Drafts and Cashier Orders must be made payable to British Military Administration (Civil Affairs) and crossed.

The Waterworks Ordinance 1938, empowers the Water Authority to disconnect the inside service in default in payment, and the inside service will not be reconnected until this account has been paid.

A fee of $2.00 is charged for reconnecting the inside service.

Treasury Office Hours for receiving money: Monday to Friday 9 a.m. to 4 p.m. Saturday, 9 a.m. to 12 noon.

Please produce this form at time of payment.

This account will be subject to surcharge if not paid by 6 MAR 1946

J. FORBES
WATER AUTHORITY,

PAID For Accountant General

RECEIVED the sum here stated in printed figures 6.25

一張和平後，由英國軍政府（民政部）水務署發出之水費單，1946 年 2 月 14 日，迄至當年 4 月底止，香港是由英軍政府統治，軍政府總督是夏愨中將。

落成於 1863 年的香港第一座水塘薄扶林水塘，約攝於 1948 年。正中可見道格拉斯堡及伯大尼修院。

1963 年制水期間的輪水人龍。

1948 年 4 月 12 日，實行人工造雨，但收效不大。

12 月 26 日，當局在西環山坡上建一巨型儲水塘，冀望能緩解水荒。同時，計劃擴建於 1891 年興建的寶雲道濾水池，使東區有充足的食水供應。該濾水池是大潭水塘的一部分。

1950 年代不時制水，"樓下閂水喉！"為樓上居民之"厲的呼聲"。

位於介乎寶雲道與舊山頂道間的濾水池，約 1935 年。背後為皇后花園住宅羣，右中部為聖若瑟教堂。

第十六章 醫療與慈善團體

二十世紀初，天花痘症在港肆虐，包括國家醫院、東華醫院、雅麗氏醫院及那打素醫院等多間醫院，皆免費為市民接種洋痘。

1911 年，油蔴地天花痘症醫院開工興建，該醫院稍後成為廣華醫院的一部分。廣華醫院於 1911 年 10 月 9 日（農曆八月十八），由港督盧吉主持啟門禮。當時有病房 8 所，病牀 80 張。

1915 年 4 月 12 日，九龍第一間位於醫局街的"深水埗公立醫局"成立，由港督梅軒利揭幕。

1917 年 1 月 9 日，一天內在街上檢獲棄屍共十具，皆是患痘症死亡者，當年已種痘的人數超過十萬。

迄至 1919 年，一條中環至油蔴地的小輪航綫，每年收入要繳交 5 萬元予廣華醫院者。而碼頭的租項則撥予港九的多間公立醫局。

西營盤醫院道與東邊街間的國家醫院和產房，約 1915 年。這部分於 1941 年闢建為英皇佐治五世公園。

已夷平的太平山疫區，1895 年。被拆卸的包括位於此的第一代警署及太平山街市。
右方一列高尚住宅區是街市街（普慶坊），前方橫亙的是磅巷。這一帶後來闢建為卜公花園。

醫院道的國家醫院景貌，約 1900 年。

養和醫院李樹芬醫生

1921 年，由於各醫院皆不願設“癲人房”（神經病房），所有寄留病人需移往別處。

7 月 25 日，由下環（灣仔）公立醫局值理霍桃溪與街坊多人發起的“下環集善醫所”（一稱“醫院”或“中醫局”）獲准開辦，以方便該區貧苦人士。而灣仔及油蔴地龍船會，於端午節競賽龍舟，以籌助廣華醫院及下環集善醫所經費。

同年 10 月 2 日，集善醫所假東華醫院開會，推舉何世光為主席，用中藥治病，籌辦處設於皇后大道東 98 號。

1922 年，除疫症外，不少人亦死於鵝喉、腸熱及“燕虎麟沙”（Influenza，簡寫作 Flu，即流感）症。

4 月 1 日，香江養和園有限公司（養和醫院），在面積 4 萬多尺之愉園遊樂場原址創設，股本 15 萬元，公開招股。創辦人包括關心焉、李樹芬及馬祿臣等 20 多人。1932 年 5 月 18 日，養和醫院新院落成，院長為李樹芬。

1924 年集善醫所正名為醫院，募捐棺木，捐助者有由一副至五十副者。每副價格為：成人 7 元、少年 5.5 元、小童 3.5 元。棺木由皇后大道東“長壽號”製造。

同年 6 月 1 日，集善醫院改名為“東華東院”，並獲港督史塔士（又譯司徒拔）在灣仔撥地建新院。該院於 5 月份共診症 6,206 人、施藥 5,559 劑、施出太平茶 356 桶。

原為愉園遊樂場的第一代養和醫院，約 1925 年。

由愉園遊樂場重建，落成於 1932 年的養和醫院新院。

由春園街望三板街的西洋妓院區，約 1915 年。左方電燈柱上，懸掛一收集死老鼠以追蹤疫症源頭的"老鼠箱"。

早於 1922 年，有一油蔴地醫局設於上海街的差館，由於兩者皆不敷應用，當局在公眾四方街（眾坊街）與廣東道之間，小輪碼頭旁之新填地，興建新差館及醫局。

1926 年 1 月 22 日，東華醫院總理及集善醫院（後易名為東華東院）值理，向政府申請撥掃桿埔地以建東華東院。後在 1929 年 10 月，於東院道落成。

1931 年 4 月 11 日，政府打算改建國家醫院，辦法有二：一為在原址附近擴建，另一辦法為在沙宣道對上薄扶林道之空地上，建一新醫院，而以後者為佳。

創建於 1905 年的九龍城公立醫局，於九龍寨城外的隔坑村道重建，於 1932 年 6 月 28 日落成。

1933 年 1 月 9 日，永安堂藥廠主人胡文虎，捐資興建長洲醫院。

1935 年 5 月 10 日，瑪麗醫院奠基。同年，聖約翰救傷隊在新界各處施診，包括產科及其他病症。

1936 年 5 月 18 日，那打素醫院成立已 40 餘年，因日久失修及為白蟻所蝕，於 1934 年 5 月拆卸，那時勸捐以築新院。於 1939 年由港督羅富國主持開幕禮。

1936 年 8 月 26 日，港督郝德傑因病入住白加道維多利亞醫院治療。

約 1925 年的中環干諾道中。右下方可見一設於馬路中的公廁，其左方是德忌利士碼頭。

1937 年 4 月 13 日，瑪麗醫院開幕，由港督郝德傑主持，山頂醫院及維多利亞醫院停辦。維多利亞醫院是紀念維多利亞女皇登位 60 周年而開設的婦孺醫院，於 1903 年落成，後改為高級官眷住所，現時是政務司司長官邸。

5 月 7 日，東華醫院、華商總會及保良局，在塘西廣州酒家，宴賀李樹芬醫生任華人代表及定例局員（立法會議員），李氏曾任中國衛生部長及衛生司長。

位於東邊街、醫院道及皇后大道西斜向高陞戲園的國家醫院，於瑪麗醫院落成後，只保留門診部。其他如留產所、醫官住所及花園部分拆卸，以開闢英皇佐治五世公園及運動場和花園。

1939 年 5 月 24 日，不少清糞伕因貪方便，往往將糞溺傾倒於溝渠。主政衛生局派員秘密監視，拘數十人。當時港島的糞船碼頭，設於銅鑼灣威菲路道。

約 1905 年，位於山頂白加道的“維多利亞婦孺醫院”。

薄扶林道興建中的瑪麗醫院，約 1936 年。

1939 年，天花流行，當局在下列地點設種痘處：

- 九龍窩打老道薰洗局
- 甘肅街油蔴地公立醫局
- 醫局街深水埗公立醫局
- 觀音街紅磡公立醫局
- 隔坑村道九龍城公立醫局
- 聖約翰救傷隊各隊部
- 鴨巴甸街 3 號中約公立醫局
- 灣仔石水渠街東約公立醫局
- 西營盤第三街西約公立醫局
- 香港仔大道 45 號香港仔公立醫局
- 西灣河筲箕灣公立醫局

1940 年 9 月 14 日，九龍法國（聖德肋撒）醫院開幕。

1940 年全年，因營養不良導致玉蜀黍症大增，400 餘人死亡。

1941 年 3 月，霍亂肆虐，當局將荔枝角醫院改作霍亂傳染病院。

3 月 14 日，由二天堂藥廠主人韋少伯經辦位於巴丙頓道的太和醫院開幕，由羅旭龢主禮，該院高三層，可容 60 位病人。

1941 年，清糞工人約 2,000 多名，以男性清糞伕佔多。5 月時，部分被解僱，導致千多名清糞伕向華民政務局請願。戰後，全由女工取代。

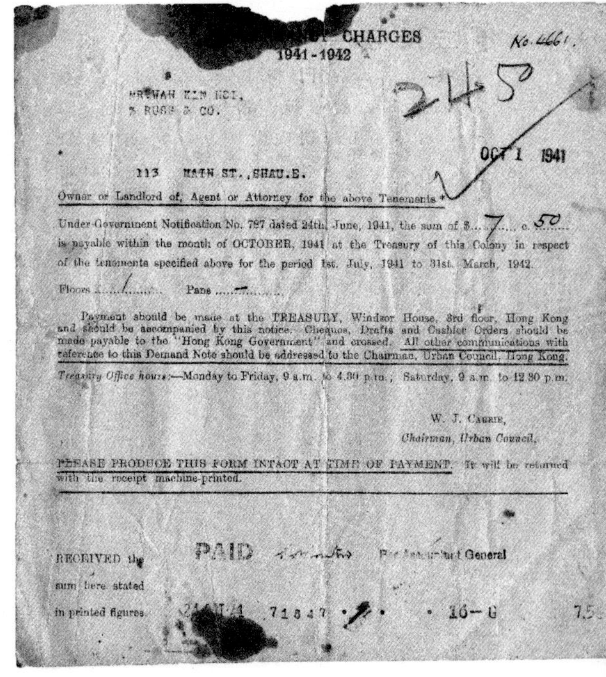

CHARGES No. 4661.
1941-1942

MR. WAN KIN HOI,
% RUSS & CO.

245

OCT 1 1941

113 MAIN ST., SHAU.E.

Owner or Landlord of, Agent or Attorney for the above Tenements

Under Government Notification No. 787 dated 24th June, 1941, the sum of $ 7 c. 50 is payable within the month of OCTOBER, 1941 at the Treasury of this Colony in respect of the tenements specified above for the period 1st. July, 1941 to 31st. March, 1942.

Floors 1 Pans —

Payment should be made at the TREASURY, Windsor House, 3rd floor, Hong Kong and should be accompanied by this notice. Cheques, Drafts and Cashier Orders should be made payable to the "Hong Kong Government" and crossed. All other communications with reference to this Demand Note should be addressed to the Chairman, Urban Council, Hong Kong.

Treasury Office hours:—Monday to Friday, 9 a.m. to 4.30 p.m.; Saturday, 9 a.m. to 12.30 p.m.

W. J. CARRIE,
Chairman, Urban Council.

PLEASE PRODUCE THIS FORM INTACT AT TIME OF PAYMENT. It will be returned with the receipt machine-printed.

RECEIVED the sum here stated in printed figures.

PAID For Accountant General

71847 · 16— 6 7.5

1941 年 10 月 1 日，一張清糞費用的繳款單，住戶所在為筲箕灣東大街。

東華醫院轄下的文武廟，約 1908 年。右方金字屋頂上端為文武廟義學。

1941 年 5 月，因反對清糞工作由政府辦理，部分清糞婦結隊，往郵政總局大廈的主政衛生局請願，警察出動衝鋒車彈壓，47 人被捕。5 月 22 日，多名前往支援被捕清糞婦的清糞伕，亦遭拘捕。

11 月 2 日，將痳瘋病人押往廣州芳村醫院的船艇，遭日軍開槍掃射。

12 月 6 日，在港日僑準備全撤，位於灣仔道的"馬島醫院"結束，後來列為敵產被港府接收。

和平後的 1946 年 3 月 15 日，駐港英軍在九龍設"空軍醫院"一所，收容有急病之華人。同時，軍政府民政部醫務處，負責街市舖位出租事項。

4 月 29 日，位於摩理臣山道，原日防空總部舊址的夏慤健康院，由軍政府總督夏慤中將揭幕。

1949 年 11 月，各區的公立醫局，已由政府接辦，計有：

港島的赤柱、香港仔、中環、灣仔、筲箕灣、貝夫人健康院、夏慤健康院及國家醫院門診部。

九龍的油蔴地、深水埗、紅磡及尖沙咀衛生站。

新界及離島的大埔、元朗、長沙、大澳、沙頭角、粉嶺（何東醫局）、西貢及青山（屯門）新墟。

由西半山卑利士道下望上環，約 1927 年。右下方大片深色屋頂的是那打素醫院，
其前方長形建築是市政員工宿舍，東華醫院和保良局在宿舍的左前方。

1931 年在禮頓道原“怡和網球場”興建的保良局，約攝於 1935 年。

1931 年 2 月 27 日，九龍嗇色園贈醫施藥局，由西貢街遷往長安街 16 號，醫及藥皆不收費。1930 年共施藥 18,000 多劑，由關伯庸診脈。

同年 3 月，位於禮頓道的保良局行奠基禮。

3 月 28 日，油蔴地榕樹頭天后廟前小販攤位，由政府授予廣華醫院管理，將收入作善款。

1932 年，荷李活道大笪地改建及縮入七呎，由東華醫院辦理。

1933 年 1 月，東華醫院議決改建。當年主席為潘曉初，總理包括羅玉堂、韋少伯及陳潤生。

3 月 4 日，保良局招領無依婦女，須帶同殷商保家到局面商認娶。

1935 年 3 月 22 日，香港保護兒童會賣花籌款。

同年，香港兒童工藝院成立，先收 30 名，一年後再收 30 名，函請各商會捐助。

1937 年 5 月 1 日，東華三院主席周兆五，決革除三院積弊，驅除勒詐病人之“棺材老鼠”，同時，嚴防騙取棺木及壽衣之歹徒。

1938 年起，大量難民及孤軍由內地來港，數以萬計，東華三院及華商總會在港九及新界多處地方建難民營，竭力設法收容。

約 1933 年的上環普仁街與新街（當時街名為保良局新街）交界，慶祝孔子聖誕牌樓的右方是改建中的東華醫院。

位於堅利地城域多利道與加多近街，興建於 1918 年，東華醫院名下的“一別亭”，約攝於 1930 年。迄至 1950 年前後，執紼送殯的親友是到此為止的。

1941 年 12 月 9 日，日軍襲港，當局將扣留於馬頭圍拘留營之內地孤軍釋放，以參加防務。

和平後的 1946 年，港九設有九個由東華三院管理的施飯站。

迄至 1947 年 3 月，東華三院的各項費用，全由政府支付。由 4 月 1 日起，改由院方自行籌募。

1948 年 12 月 1 日，位於荷李活道與鴨巴甸街之間，皇仁書院舊址內的寮屋發生大火，災民 700 餘。部分災民由東華三院協助，返回內地。

1949 年 9 月 1 日，中區坊眾籌組街坊福利會，以促進坊眾福利，連同北角、銅鑼灣、跑鵝區（即跑馬地及鵝頸區域）等，皆於 10 月底組成。中區坊會選出高卓雄為臨時主席。

9 月 15 日，東華醫院收容之痲瘋病人，一向安置於該院左側之車房內，即時遷往大口環東華義莊旁之屋宇。又計劃安置於西環域多利道口之“一別亭”，但遭西環街坊會反對。一別亭後來改為安置來港的傷殘難民。

1950 年，東華醫院繼續收容大量由內地來港的難民，安置於一別亭的西環收容所。

約 1930 年的灣仔峽道（皇后大道東）。
正中是部分已被夷去的摩理臣山，其左是醫院山上的海軍醫院，1949 年被改作律敦治肺病療養院。

第十七章 各行各業

1910年，不少與外國往來、進出口及服務的行業在被稱為“埠頭地”的香港設立。巨擘為有悠久歷史，以米及中藥為主的南北行各商號。

其他行業包括：專代客辦貨赴美國，及招待和安頓赴美旅客，被稱為“豬仔”之勞工的“金山莊”、赴澳洲的“雪梨（悉尼）莊”、“日本莊”、“新加坡莊”，“庇能（檳榔嶼）莊”、“呂宋（菲律賓）莊”、“安南（印支半島）莊”等。

還有專做內地生意的“廣（州）雲（南）幫行”、“浙江幫行”等。

在這些生意之下還催生一“寫船位行”，專代旅客“寫船位”（向船公司定船票和貨物艙位）。還有一種行業為“寄信局”，接受委託代收受及寄出匯票等重要文件及金融行情等，其服務較郵局快捷。

與上述行業有關連者還有蒲包（蔴包）行、銀硃（顏料）行、花生行、豆行及錫行等。

上環南北行店號的賬房（會計及核數部門），約1900年。

約 1910 年的文咸東街華人商貿區。左方的“聚興山貨”旁是摩利臣街。正中是十王殿廣場和永樂西街。

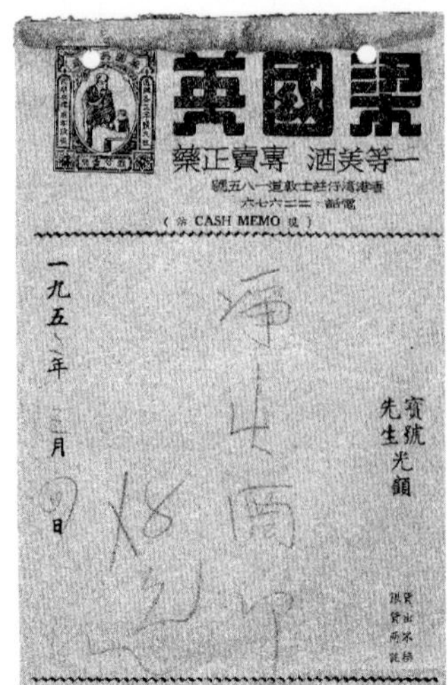
梁國英
一等美酒 專賣正藥
香港灣仔莊士敦道一八五號
(現沽 CASH MEMO)
一九五二年 月 日
寶號 先生光顧

梁國英藥房的現沽單，1952 年。

1910 年，已有提供汽車出租的“自由車（指不需路軌者）公司”。汽車於 1908 年在港出現，1909 年及 1910 年，公共巴士依次在九龍及港島提供服務。

其他行業還有白油（豉油）廠、雀鳥店、紗燈及燈籠店、葵骨牙籤工場、印字泥（複印）店、檀香行、鹹魚欄及鹹水草店等。

1913 年，有人開買賣頭髮店，因未有向潔淨局（市政局）領牌而被罰 50 元。辛亥革命前後，大量剪辮剪髮店在港開設。

1915 年，當局規定營商須用真姓名，不能用堂口，各股東均要註冊。

早於 1899 年，已有一華人資本的“九龍置業按揭公司”成立，1918 年時的總司理為周少岐。

1918 年，梁國英報房及藥局在德輔道中永安公司對面開設，後來遷往文咸東街與禧利街交界。

由上環孖沙街東望皇后大道中，約 1920 年。可見各行各業的商店，左方“如足齋”右鄰的“夜冷（拍賣）洋貨店”，1927 年零食店“陳意齋”在右邊開業。

由修打蘭街東望德輔道西，1965 年。這一帶為著名的“鹹魚欄”。

1921 年，代月電器行，及 1925 年，華美電器行，分別在德輔道中 137 及 135 號毗鄰開業，為本港的電器行業先驅。

1930 年，已有中國旅行社香港分社，開設於皇后大道中 6 號 2 樓。同年，位於石板街（砵典乍街）與皇后大道中交界的啟文絲織行開業。

當時有一家老牌的廣萬隆煙花炮竹廠，設於土瓜灣北帝街，其旁為炮仗街。另一家老牌為開業於 1880 年代，位於皇后大道西 165 號的梁永盛香莊，執筆時仍在營業。

1940 年，有一位於荷李活道 162 號，專營壽衣的梁津煥記。同年，有一位於砵典乍街 22 號的香港槍店。

和平後，為迎合大量南來的北方內地人士，不少浴池在港創立，包括 1947 年位於軒尼詩道 303 至 309 號的龍泉池湯，1948 年的中央、華清、天泉及老華僑。1950 年，一間開業於深水埗太子道的浴德池，一直經營至約 2000 年才結業。

1947 年，為南北行慘淡的一年。因政府實施"輸入管制"和"限制結匯"條例，使南北行大受打擊。

南北行公所主席翁世晃指出，1947 年的生意額只為一年前的十分之一。

南北行"西家"（職方），包括店員的"出店"（佣金），以往每月收入約有三、四百元（為其他行業工人的 15 倍月薪）。司理和秤手（核算貨品重量而付款者），月入二、三千元，但當時則風光不再。

1930 年代，在大洋船甲板上販賣瓷器雜物的流動攤販。

由“北便上環街市”（現為西港城）望德輔道中，約 1920 年。
可見多間雜貨店、金銀號、花紗店，以及一間出售茶煙及食品的名店 —— 朱廣蘭。

第十八章 飲食

1911 年，西洋食物及飲品在香港已十分流行，當時有多家經營此行業的辦館和食肆，集中於中環街市四周的皇后大道中、閣麟街、租庇利街及卑利街等。最大的一家是開業於 1860 年代的"南興隆"辦館。

同年，位於雲咸街，現時為藝穗會的牛奶冰廠公司，出售鮮奶、士兼（Skim）奶、牛、豬及兔肉、釀腸、𠝹（騸）雞、雞項、牛油及芝士等。亦出售供冷藏食物的冰塊，一毫八磅。

此外亦有不少出售西式糖果包餅的麵包店，不少位於威靈頓街。一間由華人於 1880 年開設的"正隆"，十分著名。

當時的食品名牌包括：勒吐精（力多精）奶粉、李派林華斯德省醬油（喼汁）、嘉利臣（Carnation，花嘜）淡煉乳、"企公"及"鷹嘜"罐頭汽蒸鮮奶（煉奶）、好立克麥精牛乳粉、"溫厚頓"（金鷹）穀糕（哈咕或可可）粉，以及葵家（桂格）麥粉、麥片等。

當時亦有不少於一間舖位的牛奶公司，供應"鮮奶蛋黃唉士忌𠻘"（ice-cream），當中包括位於閣麟街，於 1910 年開業，後來改為中菜館的"陶志園"。

以雪糕馳名的首推 1913 年開業的"安樂園"，及差不多同時開業的"馬玉山"餐廳。

王殿廣場摩利臣街的果販，約 1880 年。橫亘的是文咸東街。正中一列有山貨及瓷器店的屋宇背後為落成於 1858 年的第一代上環街市。

皇后大道中 100 號的馬玉山大茶樓和餐廳，約 1930 年。早期以雪糕馳名並設有廠房製造糖果餅乾。正中最高的華人行頂樓剛有一“大華飯店”開業。

約 1936 年中環街市前的皇后大道中。左方為位於 100 號的馬玉山大茶樓和餐廳，右方為歷史悠久的南興隆辦館。

早期的洋酒包括：拔蘭地、“三鞭”（香檳）、威士忌及啤酒等。1910 年，有一間“香港荔枝角甑麥酒有限公司”，在荔枝角創辦，生產啤酒和波打酒，並在與葵涌接鄰處，再創辦一“東方釀酒及製冰局”。

1910 年代，不少內地酒莊在香港設分行，售賣中國酒，包括天津露酒、毛雞酒、五加皮等，當中不少酒莊現仍在港經營，包括“永利威”等。1909 年政府開始徵收酒稅。1913 年，已有稱為“酒差”的查緝私酒警察。早期亦有不少釀製中國酒的酒房酒莊，位於市區、大坑及西環一帶。

1910 至 1920 年代，有不少著名茶樓，包括：得雲、馬玉山、武彝仙館、高陞及蓮香等，以及包括正隆、美香居等餅店，出售中秋月餅，每盒四個者售 3、4 毫至 1 元不等。

1910 年代，港九各街市被稱為“皇家街市”。位於皇后大道中，摩利臣街與文咸東街之間的南便上環街市，着手重建，於 1913 年 10 月開幕。1932 年，在灣仔新闢馬路上之駱克道街市落成。

位於中上環交界，皇后大道中與文咸東街間得雲茶樓的月餅宣傳單張。

約 1935 年，一間似位於灣仔區的酒莊和鹹魚店，右方可見一中式茶樓，有“喜飽大發”的招牌。

經過西營盤干諾道西海旁，運米和雜貨的手推單輪車，約 1927 年。

上環文咸西街，被稱為“南北行街”及“米街”，街上的大商號以出入口白米和中藥材為主。至於鄰近的永樂西街和德輔道西，被稱為“鹹魚欄”，以售賣鹹魚、海味的店舖為主。1920 年代，冬蟲草的售價為每斤（一斤為十六両）港幣 14 元。

1911 年中，米價為每擔 5 元（即每斤 5 仙）。同年 9 月升至每擔 8 元。俟後，不斷漲升。到了 1919 年，為每擔 16 元。

1919 年 7 月，因西貢（現為胡志明市）的貨幣匯價，不利於辦米來港，法國政府限制安南（印支半島）白米出口，導致米價升至每擔 21 元，次等米亦售十多元，不少貧民以番薯芋頭作飯。

7 月 23 日，大埔現搶米風潮。7 月 27 日，蔓延至油蔴地。警方於當晚向天鳴槍十餘響，拘捕七人。

所有米店不敢開門營業，米街（文咸西街）之南北行入口米商停業，街頭街尾有印警及華警各二人，往來巡邏。

有苦力百多人聯羣往上環三角碼頭一帶搶米，又在威靈頓街巡遊，導致米店及雜貨店急行關門。又有苦力乘小艇泊近廣昌輪船搶米，多人被英警拘捕。

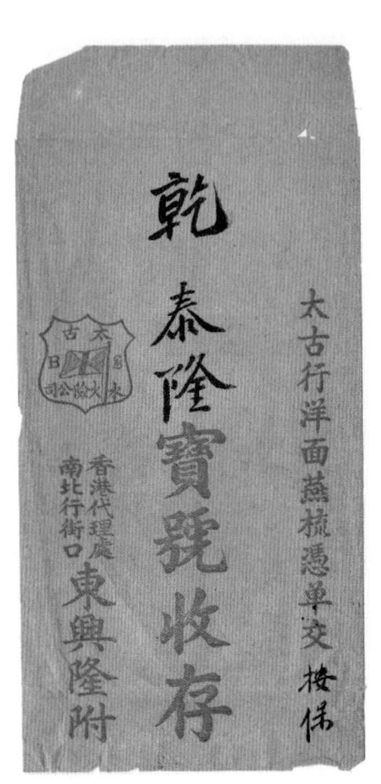

由太古保險公司交付予乾泰隆的燕梳（保險）單信封，約 1925 年。成立於 1851 年的乾泰隆，為早期南北行 16 間主要入口米商之一。

位於干諾道西近修打蘭街，即被稱為“三角碼頭”及“鹹魚欄”區的大型米行，1985 年。
（圖片由陳創楚先生提供）

東華醫院在港九各地設多家粥廠施粥，長洲及坪洲等離島亦要求東華辦施粥。

8 月 31 日，東華停止施粥，改辦平糶（賣平米），次等米每擔售 7 元半，在施粥廠及荷李活道大笪地辦理。同年 9 月 15 日，米價下跌，搶米風潮才告平息。

1920 年代，港島之鹹水魚市場，設於中環街市側之租庇利街（街市的東端，為辦館集中地之域多利皇后街）。凌晨三時開市，各魚販到此市場購買，運回各街市發售。

中環街市於 1842 年 6 月 10 日開市，經歷 1858 年及 1895 年的重建。到了 1937 年底，再度拆卸改建，於 1939 年 5 月 1 日落成。改建期間，各魚欄遷往堅尼地城，蔬菜欄則在附近發牌販賣。

同時，皇仁書院背後之"卅間"（士丹頓街），有不少擺賣牛豬羊肉及蔬菜之攤檔，形成一小型街市，人聲嘈雜及環境污穢，影響書院學生上課。

挑着空擔子經過皇后大道中滙豐銀行（左）與大會堂（右）交界的豆腐小販，約 1925 年。

由皇后大道中望租庇利街，約 1935 年。右方為中環街市的側門，其對開之街道為當時港島的鹹水魚批發市場。左方有多間米、酒、燒臘和雜貨店，位於“品珍酒”招牌旁，有一條可通往興隆街的維新里。

一間兼營士多、雜貨的米舖，約 1930 年。
可見懸掛於舖前的木屐和火柴。

皇后大道東之灣仔新街市，於 1937 年落成。當時灣仔還有莊士敦道與軍器廠街交界的東區街市、鵝頸橋街市及駱克道街市。西營盤新街市則於 1937 年落成。

1913 年重建落成之南便上環街市，與 1906 年落成之北便上環街市（現為西港城）的兩市因相距頗遠，於 1939 年曾計劃改建，因戰事影響而停止。

1939 年，由糧食統制專員，規定糧食價格。

1940 年 12 月 6 日，港府宣佈禁米出口，並規定售價，一號米每元六斤、三號米碌每元八斤半。到了 1941 年 5 月，售米由港府專營，規定米價每斤為 9 至 15 仙。同時推行“戰前糧食計劃”，貯存罐頭、伙食及洋酒，又在香港仔設收購站儲魚。

12 月 7 日，戰雲密佈，當局計劃發出購糧憑證，以嚴格統制糧食，但未實行，香港已淪陷。

和平後，實施配米，1946 年的配米人數達 95 萬。糖果月餅亦需照公價發售，當時蓮蓉月餅每盒公價為 1 元 1 毫。

約 1975 年的北便上環街市，其面向的是干諾道西。左下方可見位於德輔道中與摩利臣街交界的銀龍酒家。
街市於 1990 年代初轉型為西港城。

港島一市集的食物攤檔。三名商販正用長竹竿懸一大秤來“量米”（計算白米的重量）。

皇后大道中與畢打街交界，約 1948 年。左方為華人行樓下及地庫的美利權餐廳。右方的香港大酒店（現為中建大廈所在）內有一“鱷魚潭”茶座。

山頂餐室外的遊客，1950 年。

1946 年，市政衛生局招人承租港九各區街市的枱位。

1948 年 1 月，配售埃及米。同年 9 月，勒吐精奶粉大批湧到，公價每磅售港幣 3 元，黑市價則為港幣 9 元。

1950 年 4 月 1 日，70 萬份新米證發出，開始配售暹羅米，在 20 日內每星期隨到隨配，每斤 6 毫，每人每期可配四斤半。後來，市價平過官價，稱為“米證”的購物證即淪為廢紙。

港聞 一　中華民國卅七年八月卅日　星期一

九月十六日停配麵粉後
是否連續配米
謝雨川明日謁穀米統制官請示

戰後配給糧食由
工商供應處發表工作

油糖供應

配給毛冷

配棉織品

配給牛油

周錫年夫婦昨日飛美

1948 年 8 月，《華僑日報》有關米糧及其他物資配給的報導。

第一代香港仔海鮮舫，約 1948 年。

第十九章 百貨與新產品

二十世紀初的百貨公司，有 1900 年開業的先施、1905 年的真光、1906 年的大光、1907 年的永安（當時皆位於皇后大道中），及 1912 年的大新等多間。

規模宏大的真光後來遷往德輔道中 219 至 237 號，於 1926 年結業。

當時有一由外商經營的寶路公司，位於皇后大道中 34 號，後來遷往德輔道中 12 號。

1911 年，有一位於閣麟街 38 號，歡迎女界光顧的昌盛隆古董及洋貨商店，號稱為"始創"。

約 1921 年的德輔道中。右方的大新有限公司於 1924 年他遷後改為瑞興公司，左方為林士街旁的永安公司。正中的新世界影戲院現為無極限廣場所在。

貨物各款大減價
綫襪疋頭大減價

約 1928 年的德輔道中。正中為位於機利文街交界的麗華公司，其右鄰為"代月"及"華美"兩間電器行。左方是昭平公司，遠處可見先施及永安。

1912 年的百貨公司還有德輔道中 20 號的惠羅、26 號的昭隆泰及皇后大道中 136 號的新國民。

二十年代開業的有 1920 年位於德輔道中 143 至 147 號的麗華，同位於德輔道中的還有 1924 年的瑞興和大有、1925 年的昭信。較著名的是 1932 年位於皇后大道中 62A 至 68 號的中華百貨公司。

先施公司於 1930 年舉辦本港首次時裝表演。1931 年 4 月 9 日，舉辦後來轉變為“工展會”的國貨展覽會。而首屆國貨展覽會則於 1938 年 2 月 4 日（年初一），在中環鐵崗聖保羅書院舉行。

1939 年，中國國貨公司在德輔道中 24 號（現為創興銀行所在）開業。

1941 年的第五屆國貨展覽會，原定於 12 月 20 日開幕，由港督主持，但值日軍進侵香港而流產。

和平後的新百貨公司，有 1947 年同於皇后大道中開業的龍子行、龍光行、美華、依利及金碧公司等。

二戰後的首次（第六屆）國貨展覽會，於 1948 年在尖沙咀現為喜來登酒店所在舉行。

1949 年，德輔道中 153 至 155 號的百家利化粧品公司，亦經營槍牌恤及西褲。

1950 年，位於砵典乍街 4 號的財昌鞋廠，經營世界名廠皮鞋，以“足下足下，喜有此履”廣告詞句為人熟知。

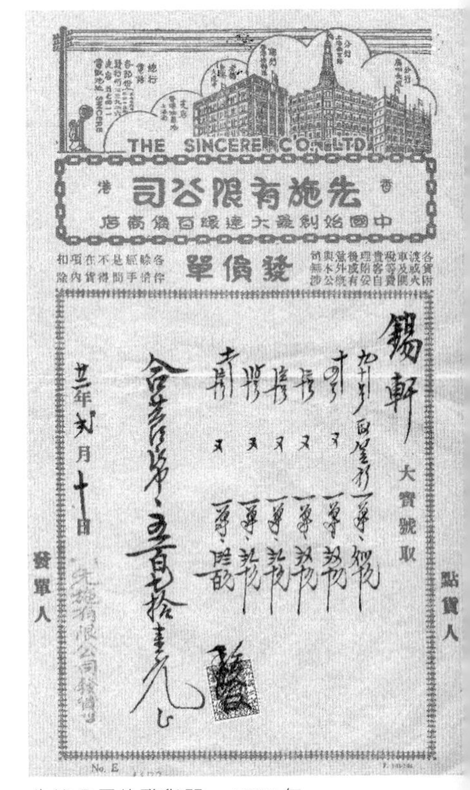
THE SINCERE CO. LTD
香港 先施有限公司
發貨單
大寶號取
發單人
點貨人

先施公司的發貨單，1933 年。

永安公司，約 1930 年。左方可見剛遷至的嘉華銀行。

由文咸東街西望乍畏街（現名蘇杭街），約 1935 年。可見多間售賣洋貨及現代化器皿的店舖。

1910 年，市面上開始有樹膠（橡膠）製物品。

1911 年，有英國製以火水發動之"發電燈機器"。亦有"燈力機器風扇"，只燃一小盞火水燈，即自動旋轉，習習生風。稍後，亦有用火水燈發動的雪櫃，到了 1970 年代，仍可在離島吉澳看到。

同年，亦有"寒暑樽"（冷熱水瓶）出售，標榜貯熱物 24 小時不減熱量，三天不減冷度。每個售 4 至 10 元。

1870 年代起已在香港使用之衣車（縫紉機），1890 年代勝家公司的宣傳卡。

由二十世紀初迄至 1970 年代，店舖及攤販照明工具的"大光燈"（汽燈），約 1960 年。

約 1900 年的文咸東街，左方為別名“圖章街”的文華里，可見若干間洋遮、鐘錶（錶）、皮鞋及金銀找換店。
右方男士的背後為得雲茶樓。

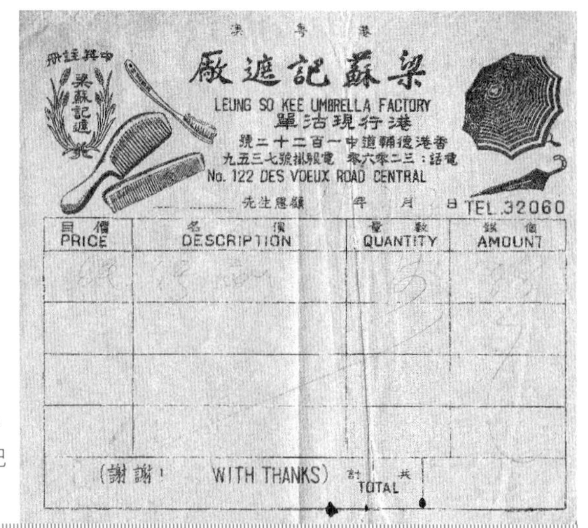

港粵澳

梁蘇記遮廠

中興註冊

梁蘇記遮

LEUNG SO KEE UMBRELLA FACTORY

港行現沽單

香港德輔道中一百二十二號

電話：三二零六零 電報掛號七三五九

No. 122 DES VOEUX ROAD CENTRAL

先生惠顧 年 月 日 TEL.32060

價目 PRICE	貨名 DESCRIPTION	數量 QUANTITY	價銀 AMOUNT

（謝謝） WITH THANKS 共計 TOTAL

以洋遮（雨傘）、牙刷馳名，位於德輔道中 22 號梁蘇記的發票，1951 年。

1913 年，一“保光洋行”出售眼鏡，提供電機驗眼配鏡。

1921 年，百代公司出售留聲機、家庭影畫（電影）及雞嘜唱片。1929 年，已有歌林（Columbia）唱片。當時亦有華人資本錄製的新月唱片。這類產品在德輔道中先施公司對面的“天壽堂藥行”出售。

1924 年，有花旗（美國）雪櫃，公開拍賣。

1931 年，市面上有高泰絲（Kotex）女性衛生用品、力士香皂、必素定及固齡玉牙膏。

1932 年皇后大道中 121 號之梁新記雙十牌牙刷，以“一毛不拔”為標榜。當時另一名牌為梁蘇記雨遮。

1935 年 3 月，德輔道中電話大廈之連卡（剌）佛公司，發售勞律（力）士（Rolex）手錶。1941 年，該廠的“太子型”男裝手錶，售 165 元。屬下之“條砣”（帝陀）錶，售 65 元。

1936 年，報章有“柯達萬利軟片”（菲林）的廣告。

一間出售華洋貨品的雜貨士多店，可見屈臣氏沙示水的招貼，約 1930 年。

接近永和街的德輔道中，約 1948 年。左方可見先施公司及鶴鳴鞋帽商店，右方為兼營唱片、唱機及留聲機等的天壽堂藥行。

鴻利鑛務公司
HUNG LEE & CO.
兆興榮珠寶玉器
JADE STORE
中寶
生發
古董玉器銅器
彫漆酸枝木器
JADE
STONES
CURIOS
AND
CURIOS
JADE STONES
BRASS WARES
LACQUARED
FURNITURE
兆興榮
珠寶
玉器
JADE
JEWELLERY
CURIOS
IVORY
AMBER
兆興榮玉器
裕盛印務
文明男女理髮
CIVILITY
LADIES &
GENTLEMEN'S
HAIR DRESSING
SALOON

約 1932 年，由利源西街東望皇后大道中。可見多間照相影樓、西醫醫務所、洋服店、藤器店、印務公司，以及當時為時髦的女界電髮室。右方有 "BOOKS" 招牌處是同一街道 35 號的商務印書館。

1941 年，有“天乳牌健美器”治女子胸部平坦，也有真空水治器，治男子性器發育不全。

“無形眼鏡”(隱形眼鏡) 1930 年代於歐美流行，香港當時聲稱可製造，每副 600 元，約為普通工人的四、五年薪金。

1946 年，華人行之建成公司，出售“玻璃領帶”，每條公價售 8 元。一年後，亦出售“玻璃絲襪”。和平後，不少名為“原子”的日用品，以“天價”發售。一條用透明膠製的“原子”皮帶，售 100 元。原值 2、3 毫的“原子筆”亦有以貴至數十元出售者。

文咸東街 9 號李占記錶行的發票，1947 年。可見當時的手錶每隻為港幣 10 元。

一間位於砵甸（典）乍街 30 號的領帶專門店——寶鴻公司的包裝袋，約 1950 年。（由陳汝佳先生提供）

第二十章 賽馬與體育

1911 年 2 月，馬會之周年大賽每年舉辦一次，每次賽三日。到了 1920 年，改為四日。當時有西菜館在馬棚下，設寮屋製作西餐。

此外，有“占間拿賽馬會”(Gymkhana) 於年中舉行多次賽馬。

同年 7 月，中華遊樂會在銅鑼灣七姊妹申請到水坦（海灘）一段，以便會友游泳。此外，亦有泳灘設於堅尼地城。

同年 10 月 28 日，輔政司班士，在銅鑼灣普羅會 (Polo Club) 打馬球時墮馬逝世，葬於大英墳場。1922 年 4 月 6 日，訪港的英國愛德華皇儲 (Edward VIII)，亦曾在該處打馬球。

約 1905 年的馬場，可見草木蓋搭的馬棚，背後為摩利臣山及山上的馬禮遜教育機構。

由皇后像廣場東望干諾道中，約 1905 年。正中是皇后像碼頭，背後為美利道的維多利亞游泳會，所在現為和記大廈。

銅鑼灣高士威道及筲箕灣道（右，現時為銅鑼灣道），約 1905 年。
正中的堅尼地馬房於 1931 年遷往山光道後，曾改建為一間華都飯店。馬房的背後是馬球場。

1913 年 2 月，本港中西商特設一賽犬會，於 3 月 15 日在跑馬場舉行香港的第一次狗展，由港督梅夫人（Lady Helena May）頒獎。

1910 年代起，於賽馬期間發行馬票供博彩的機構包括：牛奶公司、廣記公司、會豐公司、赤幟別墅、華商會所、崇正工商總會及占問拿賽馬會。

1918 年 2 月 26 日，馬場大火浩劫，發生於周年大賽第二日，跑畢第四場打吡賽之後。

部分全由草木蓋搭之馬棚，第八、九棚先倒下，其餘馬棚隨之而倒。未幾馬來亞及域多利西餐館三棚亦倒下，遇爐灶之火而焚燒，一發不可收拾，超過 600 人遇難。因死者太多，隨即抬往掃桿埔咖啡園埋葬。

1919 年 5 月 2 日，南華足球隊代表中國前赴小呂宋，參加第四屆遠東運動會，得勝而回。

10 月 16 日，舉行"海面賽游"（渡海泳），參賽者共 11 人。冠軍為西人贊臣，亞軍為華人梁國森，一西婦游得第八名。

1918 年 2 月 26 日，馬場大火時的情景。

1920 年 4 月 1 日，舉行 11 英里公開競走，由皇后像廣場碼頭沿花園道經兵頭花園、般咸道、薄扶林道、域多利道、堅尼地城海旁、干諾道中回到起點處。

當年的足球隊包括：南華、鶴堅士海軍、安布老士海軍、卡乃爾海軍、警察、九龍、吉勿士海軍、聖若瑟、添馬海軍及香港會。南華球員有李惠堂。

1921 年，華籍騎師獲准出賽。

1925 至 1926 年間，發售打吡馬票的機構包括：華商會所、南華體育會、公平公會、會豐體育會、香港警察俱樂部、印度人遊樂會、崇正工商總會、退伍軍人義勇隊、中原共進社、建造工業總會、南海九江旅港同鄉聯合會、九龍精武體育會、鶴山商會、華人機器會。上述會社的馬票可以報失補發。

各商會馬票頭獎獎金由 3 、 4 萬元至 10 多萬元不等。 1925 年，馬會亦發行“香檳”賽馬馬票，頭獎派 4 萬多元。

1927 年，已有西環公眾泳棚、大環灣泳棚、淺水灣泳場，還有荔枝角游泳會在籌辦。

1927 年 9 月及 10 月，南華會及域多利游泳場分別舉行渡海泳賽，及中西婦女渡海泳賽和全港中西人士渡海泳賽。

約 1920 年的七姊妹海灘，約現時糖水道一帶。正中為筲箕灣道（英皇道）名園遊樂場的茶座，所在約為現時的新都城大廈。

淺水灣海灘及泳棚，約 1925 年。

七姊妹（現為模範邨一帶）對開之端陽競渡，約 1925 年。可見若干座泳棚，正中的太古糖廠所在現為太古坊一帶。

1920 年代後期，發行馬票的機構還有旅港潮州八邑商會、鐘聲慈善社、欖鎮同鄉會、皇囿呂宋會及聖約翰救傷隊等。

1930 年 4 月，粉嶺馬會在粉嶺軍地跑馬場舉行“跳閘賽馬”，鐵路公司加派特別快車往來。該會亦辦馬票。

1931 年，馬會新大樓落成，周年大賽於 2 至 3 月間舉行，共賽五日。由當年起，由拉木柵代替揚旗，示意馬匹起跑。

1935 年，由於政府限制過嚴，抽佣過低，不少社團停辦馬票。而馬會則於同年首次公開發售 1 元的打吡馬票。1936 年 6 月，南華會之馬票，改為在澳門賽馬，南華會杯競賽之場次開彩。

成立於 1886 年 4 月的“香港足球會”（Hong Kong Football Club），於 1936 年 4 月 6 日，慶祝 50 周年金禧。而成立於 1914 年之“香港足球總會”（Hong Kong Football Association）亦舉辦慶祝會，同申祝賀。

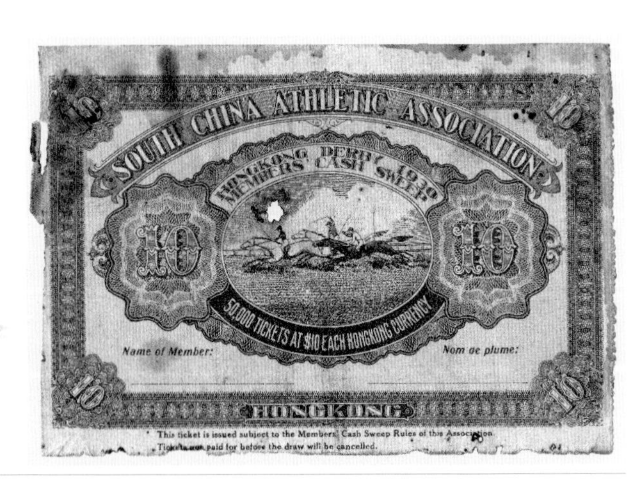

南華體育會 1930 年的港幣 10 元打吡馬票（正面及背面）。

賽事在進行中，約 1920 年的馬場。

1936 年，富人之泳場位於淺水灣、石澳及大浪灣，其次為七姊妹、西灣、柴灣及香港仔等地。九龍則有荔枝角、紅磡大環灣、昂船洲及將軍澳百勝角等。

1938 年，馬會之 1 元打吡馬票頭獎派彩 14 萬多元。直到 1939 年仍有多家機構發行馬票，澳門賽馬會的 1 元馬票亦在港發售。但同年 2 月，政府修訂博彩則例，各團體之馬票，須按例繳稅，馬票亦不准在包括酒樓、茶室或商店公開發售。同年 12 月，少數機構發售之馬票，只在會員之間銷售。

1940 年，港府將七姊妹闢作工業區，包括南華會、華人會、中華會、銀行公會、華員會、中青會、東方會、華人銀行會、永安及大新公司的泳場泳灘，皆須他遷。

1941 年 11 月的年度第 11 次賽馬，因馬伕罷工而推遲至 12 月 6 日舉行，為淪陷前最後的一次。

1946 年 3 月 24 日，陸軍部協助"港督救濟會"舉行賽馬。而以往在粉嶺舉行的"跳閘賽馬"，改於跑馬地的第三場舉辦。4 月 15 日，再舉辦一次陸軍慈善大賽馬，並發行 2 元的大馬票。

5 月 8 日，國際游泳義賽，在麗池泳場舉行。

11 月 22 日，日治時期的騎師，仍不准出賽。

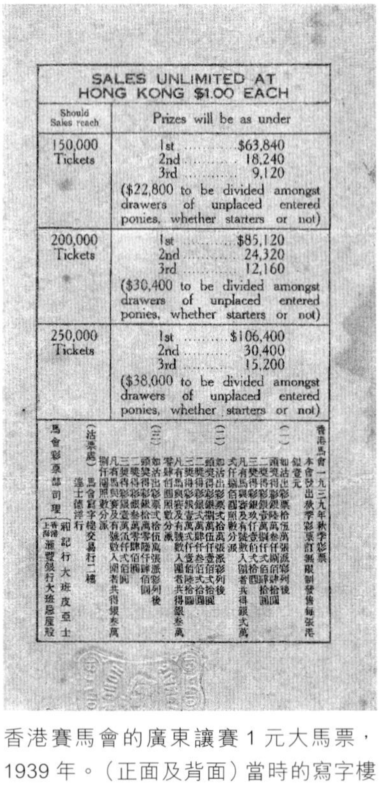

香港賽馬會的廣東讓賽 1 元大馬票，1939 年。（正面及背面）當時的寫字樓為交易行，司理為和記行大班皮亞士及滙豐銀行大班"忌厘般"（即祁禮賓）。

約 1953 年的淺水灣海灘。左上方為麗都泳屋。

1947 年 1 月 27 日，賽馬會舉辦的打吡馬票頭獎彩金為 46 萬元。當時有不少人在街上兜售馬票被警察拘罰，後改為在茶樓酒肆內沽售。

1947 年，雙十節賽馬於 10 月 10 至 11 日舉行，並發行大馬票。1949 年之後改為廣東讓賽，當時有不少馬票在內地作黑市交易，導致不少人在港排隊購買。但內地海關將馬票視作外幣，若被發現，可受拘押。

1949 年 1 月 18 日，春季馬票開彩，八名漆匠中了頭獎，獲彩金 76 萬元。但馬票由一人保管誰也不信誰，弄至吃飯、上廁、睡覺，大家都不願離開。後來請律師保管代領，問題才解決。

1949 年 1 月，香港童軍總會一年一度大露營，在柴灣童軍總部營地舉行。該會之會長為滙豐銀行總司理摩士（Sir Arthur Morse）。1950 年之大露營，則在聖士提反運動場舉行。

1947 年雙十節賽馬的大馬票，售價為 2 元。司理人為滙豐銀行總司理摩士及周錫年醫生等。

跑馬地全景，約 1948 年。

參考資料：《華字日報》 1895-1941 年

《星島日報》 1938-1965 年

《華僑日報》 1940-1946 年

桂州文化站、桂州詩社合編：《桂州風物記》，1992 年

鄭寶鴻著：《香江冷月：香港的日治時代》，香港大學美術博物館，2006 年

鳴謝：胡楊銘榴女士

吳貴龍先生

陳創楚先生

陳汝佳先生

香港大學圖書館